JN436797

이 나이에
그림책이라니

이 나이에
그림책이라니

초판 1쇄 인쇄 2018년 2월 05일
초판 2쇄 발행 2018년 10월 30일

지은이 정해심

펴낸이 강기원
펴낸곳 도서출판 이비컴

디자인 김광택
표 지 조선화
교정교열 박미숙
마케팅 박선왜

주 소 (02635) 서울 동대문구 천호대로81길 23, 201호
전 화 02-2254-0658 팩 스 02-2254-0634
등록번호 제6-0596호(2002.4.9)
전자우편 bookbee@naver.com
I S B N 978-89-6245-149-8 (03810)

「이 도서의 국립중앙도서관 출판예정도서목록(CIP)은 서지정보유통지원시스템 홈페이지(http://seoji.nl.go.kr)와 국가자료공동목록시스템(http://www.nl.go.kr/kolisnet)에서 이용하실 수 있습니다.(CIP제어번호: CIP2018002294」

보통 엄마의 그림책 자가처방

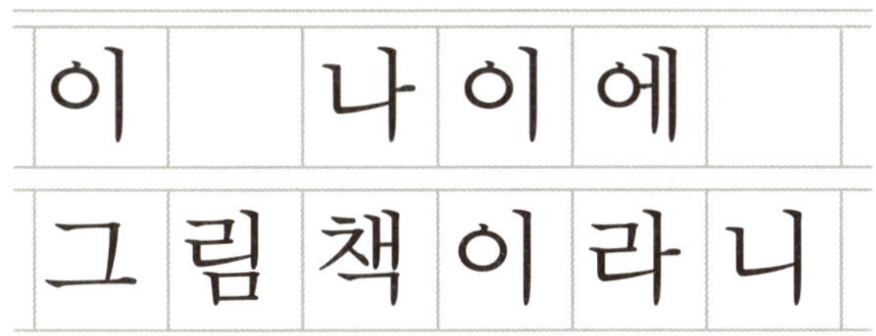

정해심 지음

이비락 樂

『프레드릭』
레오 리오니 글 · 그림

"때때로 끝도 없는 우리의 마음속 이미지들은 비록 모호한 것일지라도 예기치 않은 순간, 중요한 의미로 다가온다." – 레오 리오니

남편의 출근을 돕기 위해 눈을 뜨니, 창밖에는 이미 빼곡히 늘어선 차들이 보였다. 아직 잠이 덜 깬 부스스한 차림으로 남편을 배웅하고 다시 창밖으로 고개를 돌린다. '다들 바쁘구나.' 순간 내

볼품없는 차림새와 다시 잠을 청하려는 게으름이 부끄러웠다. '이렇게 살아도 되는 걸까?', '모두가 바삐 움직이는데 나만 이래도 되는 걸까?' 잠시 불안했지만 나른한 육체의 피곤함을 핑계 삼아 이내 곤히 잠든 아이 등에 얼굴을 비비며 기대어 눕고 말았다.

학교를 졸업한 뒤에도 바쁜 직장 생활을 이어갔다. 피곤한 몸을 이끌고 아침 일찍 일어나 인파에 떼밀려 지하철에 올랐다. 하루 8시간 이상의 시간도 반복되는 업무를 처리하기에는 늘 부족했다. 젊었지만 잦은 야근으로 몸은 지칠 대로 지쳐 있었고, 최선을 다해 하루를 살아내도 미래는 늘 흐릿했다. '이곳에서 얼마나 버텨낼 수 있을까.' 운이 좋아 취업이란 관문에 조금 일찍 들어섰을 뿐, 이곳이 내가 원하는 곳인지에 대해선 생각할 여유조차 없었다. 그렇게 무언가에 떠밀려 살아지는 인생은 계속 진행 중이었다.

그러다가 이십 대 후반 처음으로 꽤 긴 방황(?)을 시작했다. 회사를 그만두고 절을 떠돌고, 요가를 하고 인도를 찾았다. 그사이 결혼도 했다. 젊은 날의 방황이라 하기엔 미안할 만큼 행복했고 의미 있는 시간이었다. 하지만 이 사회 어딘가에 내가 소망하는 자리 하나를 만들어내기엔, 이십 대의 나는 턱없이 부족했다. 방황의 시간이 길기도 했고. 서른, 어느새 난 한 아이의 엄마가 되어 있었다.

전업주부. 월급도 없고, 올라갈 직위도 없으며, 명예와는 더더욱 거리가 먼 삶이다. 때때로 신용카드 한 장 자유롭게 만들지 못하는 처지가 곤혹스럽다. 나태하면 한없이 나태해질 수 있고, 바지런을 떨기 시작하면 피똥 싸게 움직여도 끝나지 않을 집안일이 한가득이다. 어디 그뿐인가. 여기에 아이에 대한 욕심이 더해지면 엄마의 생활은 어느 직장인보다 바쁘고, 공부하며 준비해야 할 분야도 방대하다.

난 그 자리에서 열심히 달리고, 또 달렸다. 그런데 달리면 달릴수록 자꾸만 부끄러웠다. 다 괜찮다는데 나만 안 괜찮은 거다. 자본주의 사회의 압력일 뿐이라고 자위하며 가정의 가치를 아무리 높게 평가해보려 해도 '생산성 없는', '스스로 홀로 서지 못하고'

누군가에게 기생해 사는 인생은 그 이유가 무엇이건 초라했다. 적어도 내겐 그랬다. 남편과 아이의 매니저가 내 진짜 꿈은 아니었는데. 난 언제쯤 지금까지 경험한 아주 작은 점들을 하나의 선으로 이어낼 수 있을까. 나란 사람의 신화는(거창한 신화가 아니더라도) 정말 이대로 끝나는 건가. 그런 물음으로 서른 후반 처음 글을 쓰기 시작했다.

여기 바위 뒤에 숨어 꽃 한 송이를 들고 귀엽게 웃음 짓는 작은 들쥐 한 마리가 있다. 이 아이가 바로 '프레드릭'이다. 풀밭을 따라 오래된 돌담에는 들쥐 가족의 보금자리가 있었다. 겨울이 다가오자 이 작은 쥐들은 옥수수와 나무 열매, 밀과 짚을 모으랴 밤낮없이 열심히 일하고 있었다. 단 한 마리 프레드릭만 빼고.

"프레드릭, 넌 왜 일을 안 하니?"

"나도 일하고 있어. 난 춥고 어두운 겨울날들을 위해 햇살을 모으는 중이야."

"프레드릭 지금은 뭐해?"

"색깔을 모으고 있어. 겨울엔 온통 잿빛이잖아."

"프레드릭, 너 꿈꾸고 있지?"

"아니야, 난 지금 이야기를 모으고 있어. 기나긴 겨울엔 얘깃거리가 동이 나잖아."

"넌 왜 일을 안 하니? 넌 지금 뭐해? 너 꿈꾸고 있지?" 친구들이 프레드릭에게 던진 질문들은 사실 내가 매일 스스로에게 건네던 질문이었다. 프레드릭처럼 햇살을 모으고, 색을 모으고, 이야기를 모으는 삶. 아니, 다들 겨울을 준비하려 옥수수와 밀과 짚을 모으는데 단지 햇살, 색, 이야기만으로 긴 겨울을 살아낼 수 있는 걸까. 정말, 그래도 괜찮은 걸까? 그것도 나 같이 평범한 사람이…….

하지만 시간이 흐를수록 나는 더 간절히 프레드릭처럼 햇살, 색, 이야기를 담아내는 사람으로 살고 싶어졌다.

"넌 왜 일을 안 하니?"

"나도 일하고 있어. 귀한 생명을 돌보며 가정을 든든하게 지키고 있지."

"지금은 뭐해?"

"글을 써. 누군가 내 소소한 이야기에 따스함을 느낄 수도 있잖아."

"너 꿈꾸고 있지?"

"아니, 난 지금 이야기를 모으고 있어. 그림책 안에 숨겨진 소중한 이야기들을 말이야."

드디어 추운 겨울이 돌아왔다. 작은 들쥐 다섯 마리는 돌담 틈새 구멍으로 들어가 여름내 모은 음식들을 먹기 시작했다. 하지만 추운 날 짚도 다 떨어지고, 옥수수가 바닥을 드러내자 들쥐들은 누구 하나 재잘대고 싶어 하지 않았다. 바로 그때, 친구들은 프레드릭을 찾고 있었다.

"네 양식들은 어떻게 되었니, 프레드릭?" 들쥐들이 물었습니다.

"눈을 감아봐. 내가 너희들에게 햇살을 보내 줄게. 찬란한 금빛햇살이 느껴지지 않니?"

……

"색깔은 어떻게 됐어, 프레드릭?" 들쥐들이 조바심을 내며 물었습니다.

"다시 눈을 감아봐."

……

"이야기는?"

프레드릭은 목소리를 가다듬으며 잠시 동안 가만히 있었습니다.

그리고는 마치 무대 위에서 공연이라도 하듯 말하기 시작했습니다.

프레드릭이 이야기를 마치자, 들쥐들은 박수를 치며 감탄했습니다.

"프레드릭, 넌 시인이야!"

프레드릭은 얼굴을 붉히며 인사를 한 다음, 수줍게 말했습니다.

"나도 알아."

지금껏 딱히 게으름을 부리거나, 특별히 무언가가 부족해 지금 이 자리에 머물게 된 것은 아니었다. 모두가 달릴 때, 그 틈바구니에서 나 역시 꽤 열을 올리며 함께 달렸다. 매 순간 최선을 선택한다 믿었고, 선택의 이유도 늘 분명했다. 그 결과에 상관없이 말이다. 하지만 난 하나의 질문을 놓친 듯했다. '무엇을 하며 평생을 살지'에 대한 물음이 그것이다. 그래서 인파에 묻혀 서둘러 지하철에 오르긴 했지만 정작 내가 어디로 가야 하는지, 그 목적지를 알지 못해 지하철 안에서 발만 동동거렸는지도 모르겠다.

아무것도 달라진 것 없는 현실이지만, 새로운 꿈을 꾸고 그 꿈을 위해 충실히 살아낸 하루가 늘어갈수록 부끄러운 마음은 조금씩 작아지고 있었다. 그동안 '전업주부'여서 부끄러웠던 게 아니라 방향 없이 흔들린 시간과 애써 도착한 목적지에서도 스스로를 믿어주지 못한 내가 싫어서였으리라.

전업주부 십 년의 시간, 스스로에게 묻고 또 물었다. 앞으로 어떤 인생을 살고 싶은지. 그리고 작지만 단단한 나의 신화를 찾고 싶었다. 그렇게 만난 것이 그림책이다. 이 나이에 그림책이라니! 하지만 그래도 좋았다. 지금 당장 옥수수와 밀과 짚을 모으지는 못하겠지만 지금의 불안을 이겨낼 오늘의 열매(그림책을 읽고, 나누고, 쓰는)를 부지런히 모으다 보면 혹, 아는가? 언젠가 나에게도 프레드릭처럼 모두에게 수줍은 고백을 할 날이 올지 말이다. 그리고 어쩌면 그 꿈은 이미 시작된 것인지도.

1장
추억

2장 관계

3장
시작

사람은 누구나 마음속에
나무 한 그루를 가지고 있다.

– 〈커다란 나무 같은 사람〉, 이세 히데코

1장 추억

1.
추억을 깨우는 그림책

『록사벅슨』
앨리스 맥레란 지음 / 바바라 쿠니 그림

독서치료 수업 중 '나의 첫 그림책 찾기'란 과정이 있었다. 수많은 그림책 중에서 자신의 첫 그림책을 찾는 시간. '나의 첫 그림책'은 무엇일까? 말 그대로 자신이 처음 읽었던 그림책이 될 수도 있고, 유년 시절의 기억들 또는 인생에서 가장 빛나거나 어두웠을 자신의 이야기를 담은 한 권의 그림책을 찾는 작업일 수도 있으리라.

지난 12년의 세월, 수많은 그림책을 만나왔다. 세계적으로 권위 있는 상을 받은 책부터 작가의 명성만으로도 믿음을 주던 그림책까지 셀 수 없이 많은 그림책이 있었다. 하지만 미안하게도 그 모든 작품이 내게 울림을 주지는 못했다. 아무리 수려한 문장과 아름다운 그림을 지닌 작품이라 해도 그 안에 '나의 이야기'가 없다면 그 그림책은 그리 오래 기억되지 못했다. 그렇다. 우연히 읽게 된 그림책 한 권에 마음이 흔들렸다면, 그 안에는 분명 자신의 이야기가 숨겨져 있는 것이다. 그 이야기에 깃든 기억이 아픔이든 행복이든, 그림책은 내게 말을 걸어왔다. 여기 잠시 멈춰 보라고, 이곳에 당신의 기억, 느낌, 생생한 이야기가 살아 있지 않으냐고 말이다.

아이들의 놀이터 '동방고개'

나의 첫 그림책은 바바라 쿠니의 그림이 잔잔하게 그려진 『록사벅슨』이었다. 항상 같은 곳에서 울먹이고, 더이상 책을 읽기 힘들 정도로 마음을 요동치게 했던 그림책. 다시 돌아가고 싶은 옛 기억에 대한 진한 향수로 나의 마음을 흔들어 깨웠던 그림책이다.

집 앞, 길 건너편에 있는 그냥 흔한 바위 언덕처럼 생긴 곳의 이름이 록사벅슨이다. 그곳은 모래와 바위 그리고 낡은 나무 상자들과 가시 많은 오코틸로가 자리하고 있을 뿐이지만 아이들에게 분명 특별한 곳이다. 주인공 매리안과 동생, 동네 친구들이 늘 함께 놀던 추억의 장소 록사벅슨. 그곳의 돌멩이들은 어느 날은 돈이 되었고, 호박, 자수정, 초록색 바다 빛깔을 내는 사막 유리 돌들은 보석 집을 만드는 재료가 되기에 충분했다.

긴 막대기 하나와 고삐로 쓸 끈 같은 것만 있으면 다가닥 다가닥 어디든 신나게 말을 달릴 수 있던 곳. 가끔은 전쟁놀이도 하고, 날카로운 나무를 칼이라고 휘두르지만 자기편 요새에 들어오기만 하면 무조건 안전했던 아이들의 놀이터가 바로 이곳 록사벅슨이다.

내가 어릴 때는 동네 골목마다 아이들이 참 많았다. 저녁 먹기 전까지 친구들과 집밖에서 뛰어노는 것이 일상이었고, 어른들도 그것을 당연하게 여겼다. 하지만 내 경우는 조금 달랐다. 늦둥이로 얻은 나름 귀한(?) 자식이었고, 늘 걱정이 많던 엄마로 인해 홀로 대문 밖을 나서는 일이 쉽지 않았다.

집안에서 매일 소꿉놀이만 하며 지내던 내가 처음 집밖으로 나오게 된 건 옆방에 새로 이사를 온 삼남매 덕분이었다. 그들은 나와는 달리 좀처럼 집에 머물러 있지 않았다. 아니, 그럴 이유도 없었다. 학교를 다녀와 일단 가방을 던져놓고는 모두 어디론가 사라졌다 저녁이 되어서야 돌아왔다. 그 집 부모님께서는 두 분 다 저녁 늦게까지 일을 하셨기 때문에, 그들의 자유를 침범하는 건 큰딸인 5학년 언니가 유일했다. 그렇게 창문 밖으로 그들의 움직임을 유심히 살피던 어느 날, 내게도 기회가 왔다. 대장 언니의 보호 아래 우리 모두가 안전하게 대문 밖 세상으로 한 발을 내딛게 된 것이다.

우리들의 놀이는 정말 끝이 없었다. 말하는 순간 모든 것이 놀이가 되었고, 놀이의 형식과 규칙도 모두 우리가 정하면 되는 것이었다. 몇몇 놀이를 빼면 대부분 우리는 스스로 놀이를 창조했다. 그게 진짜 놀이였다.

"우리 인사하기 놀이할까?"

"그래! 그럼 지나가는 사람에게 무조건 인사하기다!"

"야! 너부터 시작해."

"알았어. 내가 한다."

"땅!!"

"빨리 해. 뭐하는 거야! 다 지나가잖아."

"알았다고! 한다고! 안녕~~하~세요?"

"와! 진짜 했어! 크크크~~"

"야. 너 저 아저씨 알아? 너 진짜 웃긴다! 크크크~~"

"야! 이제 네 차례야!"

놀란 아저씨. 얼결에 대답을 해주시던 할머니. 바쁘다고 무시하는 아줌마. 머뭇거리는 할아버지의 표정과 몸짓에 우린 어깨를 들썩이고 침을 흘리며, 이미 반쯤 땅바닥에 주저앉은 채 서로를 보며 껄껄 신나게 웃었다. 그렇게 학교 앞에 다다를 무렵 우리의 두 번째 놀이는 자연스럽게 다시 시작되었다.

이번에는 '요비링 누르고 도망치기'다. 우리 집에서 15분 정도 거리에 '동방고개'라는 곳이 있었다. 높은 담벼락에 정원이 있는 멋진 이층 집들이 모여 있는 곳이다. 우리가 그곳에 가는 이유는 단 하나. 멋진 대문 옆에 달려 있던 조그마한 벨(초인종)을 누르기 위해서였다. 그때는 벨을 '요비링'이라 불렀다. 일본말이라는 건 나중에야 알았다. 우리 집에는 '띵똥~띵똥~' 하고 요상한 소리를 내는 벨이라는 것이 없었다. 그래서 이 신기한 물건을 누르고 도망치는 일이 그 시절 우리에겐 가장 재미난 놀이였다. 누르고 도망치고 또 누르고 도망치고. 겹치는 집이 없도록 머리를 썼지만, 결국 어느 집 주인아저씨가 빗자루를 가지고 나오시던 날 이 놀이는 자연스럽게 사라졌다. 그래도 걱정은 없었다. 우리의 놀이는 끝이 없었으니까. 다방구, 돈가스, 말뚝박기, 술래잡기, 얼음땡, 우리 집에 왜 왔니?, 무궁화 꽃이 피었습니다, 줄넘기 등 정말 배만 고프지 않다면 마냥 더 놀고만 싶었다.

늦은 저녁. 노을을 등지고 우리들은 동방고개 비탈길을 전속력으로 뛰어 내려왔다. 누가 더 빨리 집에 도착하나 시합을 했던 것 같다. 나도 내가 낼 수 있는 최고의 속도로 그 비탈길을 뛰기 시작했다. 그 순간이었다. 시원한 공기가 온몸을 휘감아 내 몸은 사뿐히 들어올려졌고, 들리는 것은 오직 나의 심장 소리와 작은 속삭임뿐이었다. '와! 진짜 너무 좋다! 너희들이 있어 너무 좋다!'라는 외침 말이다.

세월이 흐르고, 계절이 바뀌고 또 바뀌어
친구들은 모두 훌쩍 커 버리고
하나 둘 다른 동네, 다른 도시로 떠나갔지.
그래서 록사벅슨 이야기도 다 끝났을 거라고 생각하겠지?
아니, 그렇지 않아!
아무도 록사벅슨을 잊지 않았거든.
그 누구도 그곳을 잊지 않았어.
오랜 세월이 흐른 뒤 매리안의 아이들은 그곳 이야기를 들으며 잠이 들었어. 록사벅슨 꿈을 꾸면서 말이야.

그 시절 난 행복했었다. 세월이 흐르고, 계절이 바뀌고, 이제 모두 그곳을 떠났지만 그때의 기억은 아직도 내겐 생생히 살아 있다. 그날의 벅찬 기쁨, 온몸으로 웃었던 기억들, 늘 땀에 젖어 있던 모습까지도. 사실, 이것은 내겐 이미 잊힌 기억이었다. 아마 그림책 『록사벅슨』을 만나지 못했다면 내게 이토록 햇살처럼 빛나던 유년 시절이 있었음을 영영 기억해내지 못했을 것이다. 하지만 혹자는 말하리라. '그래서 뭐?' 어린 시절의 기억을 소환하는 게 지금의 나에게 무슨 의미가 있냐고. 그럼 난 긴 대답 대신 미소 짓고 싶다. 그리고 고백하겠다. '이 기억을 절대 지우고 싶지 않다'고.

한 권의 그림책은 시간을 거스르는 힘을 지닌 타임머신과 같다. 지워진 기억을 다시 현실로 소환할 힘을 지닌 매체, 그것이 그림책이다. 그래서 그림책을 펼칠 때마다 설레었으리라. 오늘은 또 어느 순간, 어느 기억에 닿을지 모르는 일이니까. 그곳이 어디든 그림책은 우리를 그곳 그 시간으로, 나아가 그때의 느낌 그대로 온전히 데려갈 것이다.

바바라 쿠니(1917~2000)

"아이들에게 좀 더 강한 문학이 필요하다고 생각한다. 그것은 신과 악마, 사랑과 미움, 삶과 죽음에 대해 상처 주지 않고 아이들이 이해할 수 있는 범위 내에서 읽을 수 있는 것이어야 한다."

1917년 뉴욕 브루클린에서 쌍둥이 남매로 태어난 바바라 쿠니는 증권업자인 아버지의 직업 때문에 도시 근교에 살았습니다. 어머니는 아마추어 인상파 화가여서 어머니의 방에는 물감, 붓, 종이 등 그림 재료가 늘 풍부했다고 합니다. 어머니는 아이들이 그림 도구를 가지고 마음껏 놀고 그림을 그릴 수 있도록 자유롭게 두었기에, 어린 시절부터 바바라 쿠니에게는 그림을 그리는 것이 무척 자연스러운 일이었다고 합니다. 바바라 쿠니는 스미스 대학에서 미술사 학위를 받고, 뉴욕 시의 아트 스튜던트 리그에서 에칭과 석판화, 흑백 드로잉 기술을 배웠습니다. 그리고 그 후 쭉 어린이를 위한 그림을 그려 왔습니다.

이 책은 꼭 읽어보자.

『해치의 거친 파도』, 『강물이 흘러가도록』, 『미스 럼피우스』, 『달구지를 끌고』, 『엠마』

2.

구겨진 과거도 OK!

『점』

피터 레이놀즈 글 · 그림

미술 시간은 벌써 끝났는데 베티는 아직 의자에 앉아 있다. 도화지는 무엇도 그려지지 않은 하얀색 그대로였다. 미술 선생님은 한참 동안 하얀 도화지를 들여다보더니 베티에게 말씀하셨다.

"와! 눈보라 속에 있는 북극곰을 그렸네."

"놀리지 마세요! 전 아무것도 못 그리겠어요!"

……

선생님은 빙그레 웃으셨어요.

"어떤 것이라도 좋으니 한번 시작해 보렴. 그냥 네가 하고 싶은 대로 해 봐."

그러자 베티는 연필을 잡고, 도화지 위에 힘껏 점 하나를 내리꽂았다. 한껏 치켜세운 눈썹과 그림책 속 베티를 감싸고 있는 붉은 색 점은 마치 짜증 나 있는 베티의 마음을 그대로 묘사한 듯하다. 하지만 선생님은 베티의 도화지를 또 한참 동안 바라보셨다. 그리고 도화지를 베티 앞에 내려놓으며 다시 한 번 말씀하신다.

"자! 이제 네 이름을 쓰렴."

베티의 그림은 어떻게 되었을까. 일주일 뒤 미술 시간. 선생님의 책상 위 화려한 금테 액자 안에는 놀랍게도 베티의 그림이 당당히 걸려 있었다. 그런데 어째 자신의 그림을 본 베티의 표정은 그리 밝지가 않다. 그러나 초록색 점이 베티의 몸을 감싸고 있는 것으로 보아 베티는 지금 '화'가 난 게 아니라 새로운 도전, 그 시작을 알리고 있는 듯했다.

"흥! 저것보다 훨씬 멋진 점을 그릴 수 있어!"

그리고 그날 이후, 베티는 한 번도 써 본 적 없는 수채화 물감을 꺼내 수많은 점을 그리기 시작했다. 노란 점과 초록 점을 그리는가 하면 또 여러 색을 섞어 보기도 하고, 심지어는 색칠을 하지 않고도 커다란 점을 그릴 수 있게 된 베티. 무수한 점들은 다양한 색과 크기와 방법으로 새롭게 탄생하였다. 그것은 누군가의 강요나 섣부른 평가와 가르침이 아닌, 베티 자신의 창조적 본능과 열정, 호기심에 의해 만들어진 작품이었다. 그렇게 베티는 어느새 수많은 점을 그릴 수 있는 '화가'가 되어 있었다.

수치심을 배우다

초등학교 4학년, 환경미화의 날로 기억한다. 그날 교실 뒤편 깔끔히 정렬된 녹색 벽 위에 원고지 두 개가 나란히 걸려 있었다. 하나는 내 것이 분명했다. 글을 잘 써서 상을 받았냐고? 아니다. 틀린 글자와 잘못된 문장의 배열, 빼야 할 단어와 넣어야 할 단어들로 내 원고지는 이미 벌겋게 물이 들어 있었다. 그런데 내 왼편 원고지는 깨끗했다. 왜 이 친구 옆에 내 글이 걸려 있어야 하는가. 그리고 선생님은 내게 무엇을 가르치려 하셨던 걸까. 마음 같아선 당장이라도 벽에 걸린 원고지를 떼어 선생님이 표시한 대로 모두

고쳐 놓고 싶었다. 하지만 그럴 용기도, 기회도 더는 주어지지 않았다.

아쉽지만 그날 내가 배운 건 오타와 비문에 대한 올바른 교정법이 아닌 수치심이었다. 날카로운 핀에 꽂힌 건 내 원고지가 아니라 나 자신이었고, 그날 이후 오랜 시간 난 내 글을 부끄러워했다. (뭐, 그 후로 제대로 된 글을 써본 기억도 없지만.) 그런데 어른이 되어서도 별반 달라지는 것이 없었다. 가끔 누군가가 내 글을 칭찬해도 믿지 못했다. 아마도 그날 내게 새겨진 붉은 낙인은 여전히 선명했나 보다.

그래도 글을 쓰는 일이 싫진 않았다. 대부분 소소한 일기, 연애편지, 독서모임의 발제문이 전부였지만, 책을 좋아하는 나 같은 이에게 글 쓰는 일은 한 번쯤 꼭 도전해 보고 싶은 꿈이었으니까. 그런 어느 날, 남편의 권유로 '글쓰기 소모임'에 참여하게 되었다. 사실 그해 남편은 아이와의 일상을 다룬 책 한 권을 이미 출간한 뒤였다. 고백하자면 그책을 보며 '내가 저 사람보다는 글을 잘 쓰지!'라는 어설픈 용기를 갖기도 했었다. 마치 베티가 자신의 점이 그려진 액자를 보면서 더 나은 점을 생각했던 것처럼. 하지만 글을 쓰면 쓸수록 내 교만은 어느새 존경심으로 바뀌고 있었다.

놀랍게도 글을 쓰는 것도 베티가 점을 그리는 과정과 다르지 않았다. '어떤 글이라도 좋으니 일단 쓰고 싶은 대로 쓰세요. 단, 매일 꾸준히!' 다행히 한 편의 글이 마무리되면 복잡했던 마음이 깨끗이 정리되는 그 느낌이 좋았다. 그리고 매주 선생님과 동료들에게 받는 긍정적인 피드백은 다시 글을 쓸 수 있게 돕는 원동력이 되어 주었다. 생각해보면 피드백의 목적은 오직 하나였다. 오타나 비문을 지적하기 위함도, 비평을 위한 비평도 아닌 그저 '매일 글을 쓸 힘을 서로에게 주는 것' 그것이 전부였다. 늦은 나이 대문호를 꿈꾸는 이가 없어서일까. 우리의 바람은 언제나 소박했다. '글쓰기의 즐거움을 어떻게 매일 유지할 것인가', 그리고 '자신만의 주제는 무엇인가' 그뿐이었다. 그렇게 나의 짓눌린 글쓰기는 그 모임을 통해 서서히 치유되고 있었다.

이제 여기 네 이름을 쓰렴

얼마 후 학교에서는 미술 전시회가 열렸다. 베티의 작품은 역시 인기가 좋았다. 그런데 전시회장에서 베티를 바라보는 한 아이가 있었다.

"누난 정말 굉장해! 나도 누나처럼 잘 그렸으면 좋겠어."

"너도 할 수 있어." 베티가 말했어요.

"내가? 아니야, 난 정말 못 그려. 자를 대고도 선을 똑바로 못 그리는 걸."

......

"한번 그려 봐."

베티는 그 아이가 그린 비뚤비뚤한 선을 한참 바라보더니 말했어요.

"자! 이제 여기 네 이름을 쓰렴."

또 한 아이가 깨어나고 있다. 따스한 시선을 만났으니 아이의 구겨진 마음도 조금씩 펴질 것이다. 그림책『점』을 읽을 때마다 이 순간이 매번 설레었다. 빛을 잃은 전구에 다시 불이 켜지는 느낌이랄까. 우리의 숨겨진 재능도 어쩌면 딱 한 사람, 그 한 사람의 믿음이면 충분했으리라. 그렇다면 난 운이 조금 없었던 것뿐이다. 누구나 어린 시절은 그릇된 가르침과 비뚤어진 목소리에 저항할 힘과 지혜가 부족한 법이니까. 하지만 지금은 아니다. 더이상 그 자리에 스스로를 두어서는 안 되는 것이다. 이제 난 어른이니까.

문득, 춤을 배워보고 싶어진다. 이 역시 긴 안목을 지닌 스승과 내 모자람을 탓하지 않는 벗들이 있다면 나는 다시 춤을 출 수 있으리라. 이렇게 난 또다시 구겨진 과거에서 숨은 재능(?) 하나를 건져 올리려 한다. 그러니 일단 여기! 이 빈 종이에 '점' 하나를 찍자. 그다음, 이름을 적는 일도 잊지 말자. 그것이 모든 일의 시작이 될 테니까.

피터 H.레이놀즈(1961~)

1961년 캐나다 토론토에서 태어난 작가는 현재 형과 함께 미국 매사추세츠에서 '더 블루 버니(The Blue Bunny)'라는 서점을 운영하고 있습니다. 그는 직접 아이들에게 그림을 가르치며 현장에서 느낀 경험들을 바탕으로 『점』을 펴냈습니다.

이 책은 꼭 읽어보자.

『느끼는 대로』, 『나 하나로는 부족해』, 『언젠가 너도』, 『너를 보면』

3.

할아버지의 힘센 지팡이

『모치모치 나무』
사이토 류스케 글 / 다키다이라 지로 그림

"네 할아버지는 평생 놀고먹기만 하셨다. 어디 그뿐이니. 그 늙은이가 시집살이는 또 얼마나 시켰다고. 너 낳고 엄마는 시댁에서 쫓겨났어. 네가 이렇게 골골한 것도 네 할아버지가 우윳값도 제대로 안 줘서 그런 거야. 어릴 때 제대로 못 먹어서. 네가 얼마나 배가 고팠으면 기어다니다 비누를 다 먹었겠니!"

엄마의 기억은 그랬다. 마치 녹음기처럼 엄마는 늘 같은 말씀을 되풀이하곤 하셨다. 하지만 내 기억은 달랐다. 할아버지는 내게 이 세상 누구보다 자상하고 인자한 '나의 할아버지'였으니까.

두 사람이 함께 걷기도 비좁은 언덕길. 나지막한 판잣집들이 다닥다닥 서로에게 기대어 서 있던 서울의 가파른 골목길에서도 가장 높은 꼭대기에 할아버지 집이 있었다. 그리고 나무로 엉성하게 덧댄 하늘색 대문을 들어서면 방 세 개가 병풍처럼 펼쳐졌다. 왼쪽 제일 큰 방을 할아버지 할머니가 쓰셨고, 두 번째 쪽방에는 홀로 사시던 할머니가 항상 방문을 활짝 열어 놓고 높은 문지방 너머에 앉아 온종일 밖을 내다보시고 계셨다. 매일 할머니는 대체 누구를 기다리고 계셨던 걸까? 아무리 기억을 더듬어도 참 아는 게 없다. 하여튼 나의 첫 인사는 늘 쪽방 할머니부터였다. 그리고 마지막 세 번째 작은 방에는 아이가 둘 있는 젊은 맞벌이 부부가 살고 있었다. 아이들 덕분이었을까. 집은 늘 활기가 넘쳤다. 서로 다른 세 가족이 마치 한 가족처럼 복작이며 살던 곳, 이곳이 나의 할아버지 집이다.

할아버지 댁에 들어서면 늘 같은 냄새가 났다. 된 장 찌 개. 할머니가 직접 담그신 된장으로 끓이던 구수한 된장찌개 맛은 엄마가 인정할 만큼 단연 최고였다. 곧 먹게 될 된장찌개를 생각하면 저절로 입에 침이 고이고, 나도 모르게 들뜬 마음으로 할아버지가 계신 안방으로 춤을 추듯 미끄러져 들어갔다. 할아버지는 항상 안방 아랫목에 목침을 베고 주무시거나 그곳에 위풍당당하게 앉아 계셨다. 흰 수염을 길게 기르신 할아버지. 이목구비가 뚜렷하고 키도 크셨던 할아버지의 풍채는 언제나 힘이 넘치고, 목소리마저 우렁차셨다. 하지만 할아버지 대신 4대 독자로 태어난 아버지가 열두 살 어린 나이부터 가족을 부양했다고 하니, 이렇게 멋진 할아버지가 왜 그토록 무기력한 삶을 사셨는지 이해하긴 힘들다.

"우리 예쁜 손녀 왔냐? 그래, 우리 손녀 뭐 필요한 거 없어? 할아버지가 선물 하나 사줘야지."

잘은 몰라도 할아버지는 아버지에게 용돈을 받거나 두 방에서 나오는 월세로 살아가셨을 것이다. 이 판잣집도 아버지가 마련해드린 집이라 했다. 그럼에도 할아버지는 허름한 옷장 맨 위 서랍에 꼬깃꼬깃하게 접혀 있던 지폐를 꺼내 정성껏 펴서 내게 건네주시곤 했다. "이거 가지고 가서 맛있는 것도 사 먹고, 학용품도 사거라." 접힌 지폐의 주름만큼이나 할아버지의 마음은 언제나 귀하게 전해졌다.

내가 할아버지, 할머니와 함께 살게 된 것은 초등학교 5학년. 할아버지의 연세가 이미 아흔이 넘으셨을 때였다. 거동이 불편하셔서 하루 종일 방에 누워 지내시던 할아버지. 다행히 할머니가 아직 정정하셨기에 엄마보다는 할머니가 할아버지를 정성껏 보살피셨다. 할아버지 방에서는 늘 그 특유의 쿰쿰한 냄새가 났다. 처음 1년은 그 냄새도 싫지 않아 할아버지 곁에서 자기도 하고, 자주 놀기도 했었다. 하지만 시간이 지날수록 할아버지 방에 들어가는 것이 썩 내키지 않았다. 냄새는 더 지독해졌고, 누워만 계시던 할아버지도 힘이 드는지 아이처럼 신경질이 늘어만 갔다. 그래도 난 할아버지가 좋았다. 비록 누워만 계셔도 할아버지는 언제나 내 편이 되어준, 내겐 든든한 버팀목이었으니까.

할아버지 할머니와 함께 살게 되면서 신기하게도 부모님의 다툼은 점점 줄어들었다. 표면적으로는 그렇게 보였다. 그리고 쉽게 볼 수 없었던 고모들과 친척들이 집에 얼굴을 자주 비추기 시작했다. 매일 손님이 오가며 집은 북적이기 시작했고, 집안 가득 사람들의 온기와 이야기가 퍼져갔다. 내겐 하루하루가 축제처럼 설레었다. 하지만 엄마는 나와 전혀 다른 입장이었으리라. 어린 난, 미처 거기까지 엄마의 마음을 헤아리지는 못했다.

"할아버지가 위독하시니 얼른 다른 가족들에게 연락을 넣어야 해."

아버지는 다급하게 전화기를 찾으셨다. 할아버지는 목에 가래가 걸린 듯 거친 숨소리를 내며 누워 계셨다. 검은 낯빛, 깡마른 얼굴에 짙은 가래 소리. 할아버지의 임종을 본 건 중학교 1학년 때다. 친척들이 몰려들었고, 난 그들 사이로 얼굴을 빼꼼히 내민 채 할아버지의 검은 얼굴을 마주했다. 병원이 아닌 집에서 가족들이 함께 있는 가운데 천천히 숨을 거두는 할아버지의 모습은 고통스럽기보다는 숙연해 보였고, 무척이나 자연스러운 생의 마감으로 비춰졌다. 슬프기도 했지만 죽음이 두렵거나 무섭지는 않았다. 아니, 죽음이란 게 너무 조용히 찾아와 놀라거나 무서울 틈이 없었던 것인지도 모르겠다. 그날, 할아버지는 가족들 품에서 돌아가셨다.

불이 켜지는 밤

목판화의 굵은 선과 색의 대비로 더 선명하고 강렬한 느낌을 주는 그림책이 있다. 일본의 권위 있는 '쇼각칸 문학상', '산케이 아동출판문학상'을 수상한 작가인 사이토 류스케의 그림책 『모치모치 나무』다.

이 책의 주인공은 다섯 살 꼬마 아이 마메타와 할아버지다. 마메타는 할아버지가 없으면 밤에 혼자 오줌도 못 누는 겁쟁이다. (사실, 다섯 살 아이들은 모두 겁이 많겠지만) 그 이유는 뒷간이 집밖에 있고, 게다가 바깥에는 커다란 모치모치 나무가 있기 때문이었다. 낮에는 큰 소리로 "야아 나무-, 모치모치 나무-!"라고 소리를 지르며 나무를 발로 쿵쿵 쳐대던 마메타지만 밤이 되면 이야기는 달랐다. 마치 귀신이 손을 뻗치는 것처럼 무섭게만 보이던 모치모치 나무였으니까.

> "오늘밤은 그 모치모치 나무에 불이 켜지는 밤이란다." 할아버지가 말해 주었지.
> "동짓달 스무날 축시엔 말이다, 모치모치 나무에 불이 켜지지.
> 자지 말고 있다가 보려무나. 참 아름답단다. 이 할아비도 어릴 때 본 적이 있어.
> 죽은 네 아비도 봤다더라. 산신령의 축젠데, 딱 한 아이만 볼 수 있단다. 용기 있는 아이만 말이야."

마메타는 낮이라면 얼마든지 모치모치 나무를 볼 수 있겠지만 밤이기 때문에 쉽게 포기해 버렸다. 그리고 일찌감치 이불 속으로 들어가 초저녁부터 잠이 들었다.

한밤중에 문득 잠이 깬 마메타. 그런데 할아버지가 곰처럼 몸을 웅크리고 신음을 하고 계셨다. 놀란 마메타는 할아버지에게 달려들었다. 하지만 할아버지의 신음은 더 심해졌다. 그러자 마메타는 의사 선생님을 부르기 위해 강아지처럼 몸을 웅크리고는 앞문을 밀어젖힌 후 내달리기 시작했다. 잠옷 바람에 맨발로.

마메타의 발에서는 피가 났지만 울며 힘껏 달렸다. 아프고 무섭지만 그렇게 좋은 할아버지가 죽는 게 더 무서웠기에, 마메타는 산기슭에 사시는 의사 선생님을 찾아 달리고 또 달렸다. 할아버지만큼 나이든 의사 선생님은 마메타의 이야기를 듣곤 마메타를 업고 아픈 할아버지에게 가기 위해 한밤중 고갯길을 힘겹게 오르고 있었다. 그 순간 마메타는 모치모치 나무에 불이 켜진 걸 보게 되었다. 의사 선생님께서는 칠엽수 뒤로 마침 달이 떠오르고 가지 사이로 별이 빛나고 있는 거라고 설명했지만, 다시 기운을 차린 할아버지는 이렇게 말씀하셨다.

"넌 산신령의 축제를 본 거야. 모치모치 나무에 불이 켜진 거지.

넌 의사 선생님을 부르러 혼자 밤길을 간 용기 있는 애였으니 말이다.
자기를 겁쟁이라고는 생각지 마라.
사람은 고운 마음씨만 있으면 해야만 하는 일은 꼭 해내는 법이지.
그걸 보고 다들 놀라는 거야. 하하하."

할아버지가 돌아가시자 북적이던 집은 일순간 조용해졌다. 그리고 몇 개월 후, 아버지와 할머니 두 분마저 모두 집을 떠나셨다. 나와 엄마만 남게 된 텅 빈 집. 할아버지가 쓰시던 방은 자연스럽게 내 방이 되었다. 엄마는 가끔 할아버지가 돌아가신 방을 쓰는 게 무섭지 않느냐 물었지만 나는 전혀 그렇지 않았다. 오히려 할아버지의 온기와 추억이 살아 있는 방이 진심으로 좋았다.

그리고 모두가 떠난 자리, 내 방에는 할아버지가 남긴 흔적 하나가 있었다. 바로 문에 난 동그란 상처 자국. 거동이 불편하셨던 할아버지가 지팡이로 문을 두드리며 할머니와 나를 부를 때 남겨진 상처들이었다.

"그래, 할아버지가 이곳에 계셨지……"

문에 난 힘센 지팡이의 흔적을 보며 나는 꽤 오랜 시간 그 방을 홀로 지켜냈다. 열한 살의 겁쟁이가 할아버지의 온기 덕분에 힘들고 외로웠던 시간들을 용기 있게 버텨낼 수 있었던 것이다. 그래서 언제나 그립고 또 그리운 나의 할아버지다.

사이토 류스케(1917~1985)

도쿄에서 태어나 메이지 대학 문예과를 졸업. 1968년 『혀 내미는 촘마』로 쇼각칸 문학상, 1971년 『제등집의 의붓자식』으로 산케이 아동출판문화상, 1978년 『하늘의 붉은 말』로 일본 아동문학자협의회상을 수상. 단편 동화집 『일어나 보렴』과 장편 동화 『유키』가 있고, 그림책으로 『하치로』, 『하늘의 피리』, 『꽃피는 산』, 『히사의 별』, 『불』 등이 있습니다.

다키다이라 지로

이바라기에서 태어나 1940년경부터 목판화를 시작. 전후 일본미술회에 참가하여 일본앙데팡당전에 출품하였고, 1968년 제6회 국제판화비엔날레전에 초대 받아 출품. 1969년부터 9년 동안 아사히신문 일요판에 다양한 주제와 기리에 기법으로 작품을 연재하면서 개성 넘치는 화풍을 확립했습니다. 1970년에 그림책 『꽃 피는 산』으로 고단햐 제1회 출판문화상을, 1974년에는 제9회 모빌아동문화상을 수상. 그림책으로 『하치로』, 『상코』, 『꽃 피는 산』, 『원숭이 게』 등이 있습니다.

이 책은 꼭 읽어보자.

『혀 내미는 촘마』

4.

누구에게나 비밀은 있다

『알도』
존 버닝햄 글 · 그림

"예수님, 밥도 잘 먹고 엄마 말씀도 잘 듣고 공부도 열심히 할 테니, 제발 똥에서 피가 나오지 않게 해주세요."

이건, 초등학교 4학년 내 간절했던 기도문 형식의 일기의 한 부분이다. 초등학교 3학년 말부터 변에 살짝 피가 묻어 나왔다. 얼마나 놀랐는지. 병원에 가는 걸 몹시 싫어했던 난 엄마에겐 이 일을 비밀로 해두기로 했다. 하지만 두려웠다. 그런데 똥에서 피가 묻어

나온 어느 날 이대로는 안 되겠다 싶어 엄마를 찾기로 마음먹었다. '그래, 엄마에게 물어나 보자.'

오후 햇살은 마치 무대 위의 조명처럼 조그마한 안방을 눈부시게 비추고 있었다. 그 고요하고 밝은 빛 속에서 엄마는 정말 우아한 자태로 신문을 읽고 계셨다. '그래, 엄마라면 아실 거야. 왜 똥에 피가 묻어 나오는지.' 그러나 답이 무엇이건 겁이 났다. 엄마의 답을 듣고 얼른 마당으로 뛰어나오리라 생각한 나는, 안방 문지방 위에 슬쩍 걸터앉았다.

"엄마, 똥에서 피가 나오면 무슨 병이야?"

천천히 신문을 넘기며, 엄마는 다소 권위적인 어투로 일초의 망설임도 없이 말씀하셨다.

"어. 그건 암에 걸린 거야. 암에 걸리면 똥에서 피가 나온다던데. 그런데 그건 왜?"

"아니야, 그냥."

"너 혹시 똥에서 피가 나오니?"

"아니야! 무슨 피가 나와."

비밀 친구

더 들어서 뭐하나, 난 얼른 마당으로 몸을 피했다. 짧은 대화의 끝에 난 암에 걸려 있었다. '별거 아니야'라는 대답을 기대했는데, 실제로 돌아온 대답은 가히 충격적이었다. 그날부터 화장실에 다녀올 때마다 나는 죽음을 생각했던 것 같다. 생각보다 진지하게. 그리고 그때마다 작은 플라스틱 자물쇠가 채워진 분홍색 일기장에 매일 일기를 썼다. 지금 읽어봐도 일기라기보단 구구절절한 기도문만 빼곡하다. 이렇게 간절한 기도에도 내 찢어진 항문이 쉽게 아물지 않았다는 게 믿기지 않을 정도다.

여기, 혼자 있는 시간이 많은 아이가 있다. 물론 텔레비전도 보고 장난감과 책 등 갖고 놀 것들도 아주 많다. 가끔 엄마랑 놀이터에도 가고, 어쩌다가는 외식도 한다. 그럴 때 아이는 정말 신이 난다고 했다. 하지만 아이는 외식을 하면서도 물끄러미 옆 테이블의 가족과 친구들을 바라보았다. 아이는 어쩐지 외로워 보인다. 그리고 아이는 다시 혼자가 되었다. 그래도 아이는 정말, 정말 행복하다고 했다. 그 이유는 바로 특별한 친구 '알도'가 있기 때문이라고.

알도는 나만의 친구야, 나만의 비밀이고.

나에게 정말 힘든 일이 생기면 알도는 언제나 날 찾아와 줄 거야.

저번에 개네들이 날 괴롭혔을 때처럼.

알도는 힘든 일이 생길 때마다 아이에게 나타나 주었고, 아이는 알도와 함께 있으면 아무것도 무섭지 않았다. 아이를 지켜주고 든든한 버팀목이 되어준 비밀 친구 알도. 가끔 알도가 아이를 도와주지 못할 때(부모님이 다투실 때)도 있었지만 그래도 알도는 아이의 단짝 친구였다.

나는 꽤 오랜 시간 이 일을 엄마에게 비밀로 해두었다. 하지만 감당하기 힘들 정도로 항문에서 피가 뚝. 뚝. 뚝 떨어지던 어느 날. 나는 무언가를 생각할 겨를도 없이 목청껏 엄마를 부르며 부엌으로 달렸다.

"엄마, 나 똥에서 피나!"

나는 곧장 엄마의 손에 이끌려 동네 병원을 찾았다. 그렇게 힘들고 어렵게 찾아간 병원은 무척이나 한산하여, 엄마와 나는 조금의 기다림도 없이 썰렁한 진찰실로 직행했다. 몇 가지 짧은 질문이 오갔고 드디어 의사 선생님께서 내게 말씀하셨다.

"항문이 찢어진 거네요. 한 5일만 약을 먹어 봅시다."

5일이라 했다. 1년이란 긴 시간을 비밀 일기장의 주인인 신과 함께 홀로 버텨왔건만, 단 5일만 약을 먹으면 되는 것이었다. '억울했다!' 하지만 기분은 째지게 좋았다. 이 지긋지긋한 어둠에서 해방된 것만으로도 나는 모든 걸 용서할 수 있는 열한 살 꼬마였으니까. 엄마에게 화도 났지만 오래가진 않았다. 집으로 돌아오는 길, 나는 새털처럼 가벼운 마음으로 아이스크림을 쪽쪽 빨면서 엄마의 손을 붙잡고 촐랑촐랑 걸었다.

누구에게나 비밀은 있다. 어린 시절 나는 내 은밀한 비밀들을 일기장 속 '예수님'과 나누었다. 모태 신앙을 가진 터라 '예수'라는 대상은 내겐 슈퍼맨이고 배트맨이며 원더우먼이기도 했다. 언제 어디서든 이야기를 나눌 수 있고 모든 고민을 털어놓아도 괜찮은 존재. 거기에 100퍼센트 비밀 보장과 가끔 소원까지 들어주신다니 내겐 가장 힘센 친구가 아닐 수 없었다.

며칠 전 학교 도서관에서 아이들에게 『알도』를 읽어주고, 질문을 던졌다.

"이런 비밀 친구를 가지고 있는 사람?"

"저요! 저요!"

꽤 많은 아이들이 비밀 친구를 가지고 있다며 손을 번쩍번쩍 들어올렸다. 슬쩍 마음이 놓였다. 아이들도 커가면서 엄마 아빠에게 이야기하지 못하는, 때로는 친구에게조차 말하지 못할 비밀들이 생겨날 것이다. 그럴 때마다 아이들이 자기 자신의 이야기를 마음놓고 꺼낼 수 있는 대상이 있기를. 그게 신이든 인형이든 아니면 가상의 그 무엇이건 알도와 같이 든든한 친구를 만들어 두었으면 하는 바람이 있었다.

유아기 때 혼자 자는 것을 힘들어하는 아이들에겐 보통 부드러운 담요나 인형을 건네곤 한다. 잠잘 때만큼은 엄마의 역할을 담요나 인형이 대신해 주는 것이다. 이렇게 친숙한 매개체를 통해 아이는 불안한 상황에서도 곧 스스로 안정감을 되찾는다. 그리고 시간이 흘러 아이가 환경에 적응을 하면 매개체는 자연스럽게 사라진다. 그게 바로 비밀 친구의 운명이다.

심리학자 우르술라 누버는 환상도 아이에게 중요한 보호막이라고 이야기한다. 끔찍한 현실에 한줄기 빛을 비추기 위해, 더 나은 시절과 더 나은 가정을 상상하기 위해, 환상을 이용해 스스로를 보호한다는 것이다.

물론 알도를 까맣게 잊고 지내는 날도 있겠지만,

나에게 정말 힘든 일이 생기면……

알도는 언제나 내 곁에 있을 거야.

어른이 되었지만 나도 가끔 나의 알도, 나의 어린 시절의 신을 찾곤 한다. 어린 시절만큼 자주 간절한 기도를 올리지는 않지만 그래도 힘들 때면 아직도 난 나의 비밀 친구를 소환한다. 아이에게도, 어른에게도 보이는 세계와 보이지 않는 세계를 지원할 든든한 지원군이 각자에게 있기를. 그 대상이 무엇이건(실제든, 환상이든) 우리에게 힘을 줄 수 있다면 그 친구를 곁에 오래오래 두라 권하고 싶다.

존 버닝햄(1936~)

1936년 영국 서리 주의 파넘에서 태어난 그는 진보적이고 자유로움을 추구하는 가정에서 자랐습니다. 어린 시절 아버지가 세일즈맨이라 자주 이사를 다녀야 했고, 집 대신 주거용 트레일러에서 살기도 했지요. 모두가 아는 대로 영국의 서머힐 학교를 다니기도 했습니다. 어린 시절부터 친구들하고 어울리기보다는 혼자만의 세계에 빠져 있던 존 버닝햄은 청년 시절 병역을 거부하고, 대신 남부 이탈리아와 이스라엘에서 삼림 일, 학교 짓는 일을 경험하며 지냈습니다.

1956년에는 런던의 센트럴 아트 스쿨에서 공부를 했고, 이스라엘로 돌아가 필름회사에서 모델과 인형 작업을 하기도 했죠. 1960년 영국으로 돌아와 첫 그림책을 출간하기까지 잡지 만화 그리기, 크리스마스카드 디자인 일을 하며 지냈습니다. 그리고 같은 학교를 다녔던 헬린 옥슨버리를 만나 1964년 결혼을 하게 됩니다. 헬린 옥슨버리 역시 뛰어난 그림책 작가로 활동하고 있습니다.

존 버닝햄의 그림은 다양한 선을 사용하여 자유분방하면서도 마치 아이의 그림처럼 생동감이 넘칩니다. 다양한 색과 여러 방향으로 겹쳐 음영을 만들어내는 그의 선들은 그래서 더 환상적인 분위기를 만들어내고 있죠. 그는 언제나 아이의 눈높이에서 아이들의 외로움과 소외된 감정을 표현해주는 그림책의 거장입니다.

이 책은 꼭 읽어보자.

『야! 우리 기차에서 내려!』, 『우리 할아버지』, 『마법 침대』, 『지각대장 존』, 『비밀 파티』

5.

지워진 기억

『다시 그곳에』
나탈리아 체르니셰바 그림

인파로 붐비던 어느 도서 전시회 가판대에서 처음 이 책을 만났다. 급한 마음에 빠른 속도로 책장을 넘겼는데 이미 눈가가 촉촉이 젖었다. '누군가 내 기억을 훔친 게 아닐까.' 오직 그림으로만 연결된 이야기 속에서 어느새 난 작은 꼬마 아이가 되어 있었다.

나탈리아 체르니셰바는 1984년 러시아에서 태어난 애니메이션 감독이다. 이 작품은 그녀가 제작한 두 번째 작품으로 2014년 KROK 국제 애니메이션 영화제 수상작이다. 『다시 그곳에』, 대체 무슨 일이 있었을까.(참고로 이 책은 글이 없는 그림책이다.)

한 젊은 여인이 노란 버스에 오르고 있다. 노란 버스는 번화한 도시를 지나 울창한 나무가 있는 한적한 도로를 달렸다. 어느새 밀집된 도시의 긴장감은 고요함과 상쾌함으로 바뀌었다. 버스는 잠시 후 드넓은 들판에 멈추어 섰고, 버스에서 내린 젊은 여인은 저 멀리 보이는 한 그루의 나무와 작은 집을 응시하고 있다. 그런데 신기하게도 그녀가 도착한 곳에서는 빨간 열매가 달린 나무 한 그루와 작은 집, 정원 모두 그녀의 무릎 아래에 올 만큼이나 그 크기가 작다. 마치 지난 시간과 추억의 깊이를 표현하려는 듯 그녀의 몸은 이미 훌쩍 커 있었다. 그리고 집 앞마당 정원에 노란 모자를 쓴 이가 보인다. 누구일까?

페이지를 넘기자 이마와 눈가에 주름이 가득한 여인이 노랑 모자를 쓰고, 따스한 미소로 젊은 여인을 올려다보았다. 그리고 주름이 가득한 여인은 젊은 여인의 발 위로 올라가 두 팔 가득 그녀의 다리를 힘껏 껴안았다. 그러자 젊은 여인 역시 눈가에 주름이 가득한 여인의 노랑 모자를 살짝 벗겨 그녀의 오른쪽 뺨에 입을 맞추었다. 이 둘은 대체 어떤 관계일까?

'꿈 분석' 모임에 참여한 지 2년. 평소 반복해 꾸는 꿈이 있는 데다가 신화에 대한 막연한 호기심도 있어 꾸준히 참여하고 있는 모임이다. 사실 이 모임을 알기 전에도 난 꽤 유명한 어느 꿈 분석가의 집단을 경험한 적이 있었다. 모임의 첫 시간, 꿈 분석이 어떻게 진행되는지도 모른 채 덥석 어제의 선명했던 꿈 하나를 꺼내 놓았다. 그러자 잠시 후 이런 종류의 이야기들이 오가기 시작했다.

"이웃에 대한 열등감과 시기심이네요."

"자신의 집을 찾지 못해 불안해하는 모습 같아요."

"마흔으로 넘어가는 것을 스스로 두려워하는 모습 같네요."

"자신의 집이 천상에 있다고 믿지만 그건 허상이지요."

어제의 엉성한 꿈 하나에 이렇게 많은 이야기가 숨겨져 있다니. 한껏 쏟아지는 부정적인 메시지들은 하나같이 가슴을 파고들었다. '나를 언제 봤다고! 이런 말을 함부로 하는 건지!' 물론 그들은 '이 꿈이 제 꿈이라면~'이란 말로 모두 예의를 갖추었고, 내 꿈에 투사된 자신들의 이야기를 꺼낸 것이었지만 그게 무엇이든 기분이 몹시 상했다. 마치 그들이 내 의지와는 상관없이 나를 수술대 위에 눕혀 복부를 절개해 장기 이곳저곳을 함부로 뒤적거린 것처럼, 난 며칠을 끙끙 앓아야 했다. 더욱 황당한 건 누구도 수술 부위를 다시 봉합해주지 않았다는 것이다.

집단으로 꿈을 분석하는 과정은 집요한 질문과 날카로운 분석으로 때때로 내게 수치심과 불편함을 주었다. 하지만 그것이 내 뒷모습을 볼 유일한 기회임을 인정할 수밖에 없었다. 그리고 오랜 시간이 흘러서야 알게 되었다. 그들이 휘두르던 날카로운 칼이 나를 가해하기 위함이 아닌 나를 살리려는 다급한 응급 처치였음을. 고통스럽지만 나 자신의 상처를 꿰매어 봉합해야 하는 것은 결국 나의 몫이었다.

그런데 며칠 전 나는 또다시 가시 같은 질문 하나를 만났다.

"선생님, 혹시 오랜 시간 함께한 사람들에게서도 낯선 느낌을 느끼지 않나요?"

잠시 침묵이 흘렀다. 자주 느끼는 감정은 아니지만 그렇다고 딱히 부정하기도 곤란했다. 누구든 그러하지 않을까? '잘 모르겠다'며 슬쩍 질문을 피하려는데 분석가는 재차 내게 말했다. "자신의 내적관계 패턴(내가 나와 관계하는 방식)이 외적 관계(타인과의 관계) 패턴과 같으니 스스로 잘 살펴보세요."라고. 오랜 관계 속 낯선 느낌이라. 이리 불쾌한 걸 보면 무언가가 또 건드려진 모양이었다. 그때 불현듯 '친할머니'의 얼굴이 떠올랐다.

지워진 기억 속 나의 할머니

유독 글로 옮길 수 없는 사람이 있었다. 너무 아픈 기억이라 그랬지 싶다. 기억 속 친할머니는 유년 시절, 내가 가장 사랑했던 분이다. 그래서 그림책 속 주름진 얼굴의 여인을 보며 더 선명히 할머니를 떠올렸으리라.

어린 시절, 우리 집은 매일 부모님의 다툼으로 시끄러웠다. 홀로 감당하기에는 늘 벅찬 일상이었다. 그런 날이면 난 작은방으로 몰래 숨어 들어가 거울 아래에 무릎을 꿇고 앉아 한참을 울곤 했다. 그 거울 위에는 여섯 살 꼬마였던 내가 그린 그림(할머니의 모습)이 붙어 있기 때문이었다.

할머니는 사소한 부탁 하나도 거절하는 법이 없던, 심성이 착하신 분이었다. 며느리인 엄마가 인정할 정도로. 매번 똑같은 이야기를 반복해 들려 달라 해도, 늦은 새벽 화장실에 가자 졸라도 할머니는 언제나 내 말을 모두 들어주셨다. 그렇게 좋은 할머니와 같이 살게 된 것은 초등학교 5학년 무렵이었다. 할아버지가 거동이 불편해지면서 할머니 혼자 할아버지를 간호하기 어려워 우리 집에서 함께 살게 된 것이다. 그렇게 3년을 나는 할아버지와 할머니 곁에서 행복하게 보냈다.

그런데 할아버지가 돌아가시고 몇 주가 지난 후 학교에서 돌아와 보니 할머니의 모습이 보이지 않았다. 텅 빈 방, 텅 빈 집. 나른한 오후의 텁텁한 공기 속에서 엄마와 나는 긴 침묵을 지켰다. 묻지 않아도 알 수 있었다. 아버지는 오래 전부터 어머니와 이혼을 원하고 계셨고, 할아버지가 돌아가신 뒤 집을 나가리라 마음을 굳힌 모양이었다. 아버지와 할머니는 참으로 가볍게 사라지셨다. 그렇게 무기력한 하루가 흘러갔다.

낯선 느낌

"선생님, 혹시 오랜 시간 함께한 사람들에게서도 낯선 느낌을 느끼지 않나요?"

오랜 시간 한 통의 전화, 한 번의 만남을 간절히 기다렸었다. 하지만 불행히도 그런 일은 일어나지 않았고, 시간이 흘러 나는 '아버지가 연락을 못하게 하셨거나, 전화를 할 수 없는 상황(치매)이 있었을 거'라고 상상하며 나 자신을 위로해야 했다. 그러던 어느 날 나는 장례식이 모두 끝난 뒤 뒤늦게 할머니의 부고를 들었다. 마지막 인사도 없었다. 그날도 아버지와 할머니가 사라지던 날처럼 온몸이 노곤하고 덤덤했었다. '그래, 누구나 다 죽는 거지 뭐.' 싸늘한 한마디를 무심히 공중에 던져버리고 어이없게도 난 이른 잠을 청했다. 그게 전부였다.

오랜 시간 함께 했지만 낯설게 느끼는 건, 언제든 그들이 나를 떠날지 모른다는 불안감에서 오는 방어적 태도였으리라. 어느 날 갑자기 사랑하는 이를 잃은 자에게 체득되는 동물적 배움이고, 스스로를 지키고자 고안해낸 나의 방책이기도 했다. 어떻게든 잘살아 보고 싶고 덜 고통스럽고 싶었던 나의 노력은 그저 과욕이었을까. 어디로도 흐르지 못한 나의 감정들은 그래서 언제나 내게 불쑥 찾아오곤 했다. 바로 오늘처럼.

그림책 속 주름이 가득한 여인은 이젠 맛있는 수프를 만들고 있다. 오감으로 전해진 보다 생생한 과거는 커다란 키의 젊은 여인을 어느새 아주 작은 아이로 변하게 만들었다. 젊은 여인은 다시 노랑 모자를 쓰고, 정원을 네발로 기어다니며 아기가 되어 노인을 꼭 껴안는다.

이 그림책 덕분에 나도 그 시절에 잠시 머물 수 있었다. 할머니가 끓여주시던 구수한 된장찌개를 맛보며, 할머니가 유일하게 알고 계시던 청포 장수 이야기와 노래를 들으며. 그리고 늦었지만 할머니에게 꼭 하고 싶은 말이 있었다.

'아주 오랜 시간 보고 싶었고, 그리고 사랑했습니다.'

나탈리아 체르니셰바(1984~)

러시아에서 태어난 애니메이션 감독입니다. 그녀는 우랄 주립 아카데미에서 그래픽과 애니메이션을 전공했습니다. 졸업 후 애니메이션 감독으로 활동하며 'KROK 국제 애니메이션 영화제', '뉴욕 국제 어린이 영화제' 등 영향력 있는 다수의 국제 영화제에서 수상을 했습니다.

6.
고백

『권투 장갑을 낀 기사와 공주』
헬메 하이네 글 · 그림

고백하자면 작년부터 사람을 만나는 일이 힘들었다. 내 예민한 신경은 마치 피복이 다 벗겨진 전깃줄마냥 위태롭게 노출되었고, 그 때문인지 나는 잦은 소화불량과 어지럼증을 동반한 극도의 피로감으로 계단을 만나면 주저앉고 벤치가 보이면 잠시라도 눕고만 싶었다. 그렇게 절인 배추처럼 무거워진 몸을 이끌고 간신히 집에 도착하면 이내 깊은 잠에 빠져들곤 했다. 갑상선 약의 부작용인가 싶어 여러 병원을 순례하며 이유를 찾으려 애썼지만, 뚜렷

한 병명은 찾을 수 없었다. 그렇다면 더이상 부산 떨지 말고, 조금만 더 가만히 웅크리고 앉아 이 시간을 지켜보자 했었다.

그런 어느 날, 체증 가득했던 내게 예리한 바늘처럼 내 엄지손가락을 콕 찌르고 사라진 그림책 한 권이 있었다. 봉긋 피어오른 붉은 피를 확인하며 알싸한 통증과 함께 이내 안도의 한숨을 내쉬게 했던 그림책. 바로 헬메 하이네의 『권투 장갑을 낀 기사와 공주』다.

부드럽고 다정다감한 코뿔소 막스. 그의 피는 어느 코뿔소보다 달콤하고, 발바닥은 개미를 밟아도 아플 정도로 예민했다. 피부마저 얇아 속이 훤히 다 들여다보였고, 코에 솟은 뿔마저도 나비가 앉으면 휠 정도로 말랑말랑하기만 했다. 명색이 코뿔소인데 어찌 이리 약하단 말인가. 어느 날, 서류가 높이 쌓인 책상에 근엄하게 팔짱을 끼고 앉아 계시던 아버지는 말씀하셨다.

"삶은 혹독하단다. 얘야, 냉혹한 세상에서 자신을 지킬 줄 알아야 해. 무엇보다 피부를 튼튼하게 만들어야 한다."

막스는 얌전하게 고개를 끄덕였어요.

그날 이후 막스는 자신을 괴롭히는 모기를 막기 위해 자신이 좋아하던 목마(장난감)를 권투 장갑 한 켤레와 바꾸었다. 그리고 권투 장갑을 낀 손으로 모기를 향해 자신의 팔을 힘껏 휘두르자 모기는 더이상 막스를 괴롭히지 못했다. 그것을 시작으로 예민하던 발에는 군화가 신겨졌고, 얇은 피부를 가리기 위해선 철로 만든 갑옷이 필요했다. 마지막으로 나비가 앉아도 휠 만큼 말랑말랑했던 코의 뿔을 가리기 위해 막스는 얼굴에 투구를 썼다.

그 이후 막스는 절대 갑옷을 벗으려 하지 않았다. 부모님의 말씀도, 의사 선생님의 조언도 통하지 않는 자신의 갑옷에 철저히 갇혀버린 고집불통의 막스. 결국 부모님은 막스를 더 넓은 세상으로 떠나보낼 결심을 하게 되었고, 막스는 정든 집과 부모님을 떠나 세상 밖으로 발걸음을 옮겼다.

새로운 가면을 찾다

초등학교 시절 난 부끄러움 덩어리, 존재감 제로에 칙칙한 공기를 품고 다니던 변두리 학생이었다. 그러다 6학년 2학기, 『크리스마스의 캐럴』 연극을 통해 처음으로 반 아이들에게 나라는 존재를 알렸던 것 같다. 물론 나의 역할은 2개의 단역일 뿐이었지만 꽤 반

웅이 좋았다. 그 시절 하던 일을 모두 정리하신 아버지 덕분에 우리 집에는 늘 TV가 켜 있었다. 매일 공부 대신 TV 드라마 속 주인공이 되어 홀로 '역할 놀이'를 하며 지낸 시간이 얼마던가. 그래서 연기라면 언제나 자신 있었다. 연극이 끝나고 처음으로 반 친구들과 선생님에게 '관심'을 받았는데 아쉽게도 곧 졸업이었다.

연탄공장 옆에 세워져 더 침울해 보이던 oo중학교로 배정을 받았다. 어이없게도 입학 통지문에 쓰인 공지사항을 잘못 확인한 탓에 내 헤어스타일은 귀 위 3센티미터 숏커트로 변해 있었다.(이건 남학생의 두발 권고 사항이었다.) 하지만 머리카락은 언제든 다시 자라는 법이니까, 걱정도 그만큼 짧았다. 시간은 어김없이 흘러 어느덧 봄 소풍날이 되었다. 각자 준비해온 도시락을 대충 먹고, 그때까지도 서먹했던 반 친구들과 함께 동그랗게 원을 그리고 앉아 선생님의 말씀을 기다렸다.

"자, 여기 모두 주목! 이제 장기자랑을 할 시간인데 혹 장기자랑 할 만한 친구 있니?"

"……"

반 친구들은 모두 슬금슬금 서로의 눈치만 살필 뿐 누구도 쉽게 나서려 하지 않았다. 하지만 어디에나 침묵의 무게를 견디지 못하는 아이가 있는 법. 잠시 후 손을 번쩍 들어 올린 아이가 있었다. 모두 깜짝 놀라는 눈치였다.

"오! 그래? 너 일단, 이리 나와 봐."

무슨 용기였을까. 그 주인공은 바로 나였다. 나는 천천히 일어나 원 중앙에 섰다. 호기롭게 손을 들던 태도와는 다르게 내 목소리는 모기처럼 가늘어졌다.

"그냥 가수 김완선 노래 아무거나 틀어 주세요."

잠시 허리띠를 만지작거리고 있자니 검은색 작은 카세트에서 김완선의 음악이 흘러나왔다.(그해는 김완선의 시대였다.) 나는 그 음악에 맞춰 다소 몽환적인 눈매와 그보다 더 감각적인 춤사위를 펼쳐 보이려 했다. 하지만 알다시피 내 춤은 TV를 보며 제 흥에 겨워 흔들어대던 막춤이 아니던가. 사실 그때까지 난 또래 친구들의 춤을 한 번도 본 적이 없었다. 그래서 난 내가 꽤나 춤을 잘 추는 것으로 착각하고 있었다. 하여튼 그날 난 최선을 다했고, 반 아이들 모두에게 큰 웃음을 선사하며 첫 무대를 무사히 끝낼 수 있었다.

믿기 힘들겠지만 그날 이후 난 중고등학교 시절 내내 오락부장을 하면서 전교에서 가장 '재미있는 아이'로 불리게 되었다. 굳이 이유를 찾자면 외할머니에게서 물려받은 타고난 유머 감각(?)이 그제야 발현된 것이라고 할까. 하여튼 그날부터 학교는 내게 세상에서 가장 편한 휴식처이자 신나는 놀이터가 되어 주었다. 막스의 갑옷처럼 나는 유머라는 새로운 갑옷을 장착한 후 누구보다 재미있는 아이로 살아갈 수 있었다. 적어도 학교에서는 말이다.

하지만 교문을 나서는 순간 내 세계는 거품처럼 사라졌다. 할아버지의 죽음, 그 후 집을 떠난 아버지와 할머니. 그 당시 나를 더 힘들게 했던 건 때때로 불쑥 찾아와 이혼을 강요하며 집을 난장판으로 만들어 놓던 아버지의 성난 태도였다. 그렇게 시작된 기나긴 부모님의 이혼 소송은 결국 내가 고등학교 3학년이 되던 해에야 비로소 끝이 났다. 6년의 세월 동안 나는 해가 뜨면 웃고, 해가 지면 울기를 반복했다. 더구나 난 누구에게도 나의 마음을 전하지 못하고 있었다. '재미있는 아이'에게 이런 슬픔은 도통 어울리지 않는 그림이었으니까. 그저 더 많이 웃으면 슬픔이란 저절로 사라지는 줄로만 알았다. 정말 그래도 괜찮은 줄 알았다.

가면을 보다

집을 떠난 막스는 더 강한 기사가 되어 모두를 물리쳤다. 그런 어느 날, 막스는 아름답고 고귀한 공주를 구하게 되었고 그녀와 사랑에 빠졌다. 하지만 공주는 권투 장갑을 낀 차가운 기사의 손을 원하지 않았다. 이제 막스는 선택을 해야 했다. 다시 길을 떠날지, 아니면 지금까지 한 번도 벗지 않던 자신의 권투 장갑을 벗을지. 막스는 자신의 권투 장갑을 벗어 부드러운 손으로 공주에게 꽃다발을 건네었다. 공주와 밧줄을 탈 때는 발바닥의 감각을 섬세하게 느끼기 위해 군화를 벗었고, 공주와 수영을 할 때는 자신의 두꺼운 철 갑옷마저 벗어던졌다. 절대 풀리지 않을 것 같던 막스의 단단한 철 갑옷은 그렇게 모두 무장 해제된 것이다.

아파트에 이사 와 주변에 아는 사람이 없을 때 J 언니를 만났다. 같은 동갑내기 남자아이를 키우고 있었기에 난 J 언니에게 자주 연락을 하곤 했다. 하지만 J 언니의 반응은 싸늘했다. '그래, 모두가 날 좋아할 수는 없지'라고 생각한 뒤 나 역시 더이상 J 언니에게 연락을 하지 않았다. 하지만 좁은 아파트 단지에 사는 언니와 나는 여러 모임을 통해 다시 얼굴을 보게 되었고, 자연스럽게 친해질 수 있었다. 서울로 이사를 온 후에도 우리는 여전히 좋은 관계를 유지하고 있다.

그러던 어느 날 밤, J언니는 나와의 첫 만남에 대한 이야기를 꺼내었다. 언니는 처음 나를 보았을 때 내가 많이 불편했다고 했다. 그건 다름 아닌 내 유머 방식 때문이었다. 함께 웃었지만 뭔가 찜찜한 마음이 남았고, 타인의 치부를 건드려 웃음을 유발하는 게 무척 기분 상했다 한다. 그래서 자신은 내게 절대 책잡힐 일을 하지 말아야겠다고 생각했다나. 또한 언니는 진지하게 이야기할 문제를 왜 그렇게 불쑥 농담을 섞어가며 하는지 내게 물어왔다.

내 유머가 누군가에게 불쾌감을 줄 수 있다니. 난생처음 듣는 이야기에 당혹스러웠고, 화도 났다. '내 유머가 뭐 어디가 어때서. 그 정도의 유머도 소화할 수 없는 자신의 경직된 사고방식을 탓해야지!' 라는 생각도 했다. 하지만 언니의 말은 쉽게 지워지지 않았다. 그리고 얼마 후 또 다른 지인이 내게 말했다. "자기, 알아? 지난번에 나랑 문자 메시지를 주고받을 때, 죽을 듯이 힘들어하면서도 문장 뒤에 꼭 '^^' 표시를 빠트리지 않더라고. 그래서 오히려 더 걱정이 되었어."라고 말이다.

슬픔을 의도적으로 감추려 했던 것은 아니다. 그저 아프고 슬픈 일들을 표현하는 것이 익숙하지 않아 언제나 별일 아닌 듯 가볍게(내 식대로) 넘기려 했을 뿐이다. 그런데 알고 보니 나란 사람은 분노도, 격려와 칭찬도, 위로와 사랑도 모두 한 가지 언어인 '유머'로 대신하고 있었다. '유머'는 언제나 나의 가장 멋진 '갑옷'이었으니까. 그러나 철이 지나도 한참 지난 옷을 걸치고 있던 내 모습이 얼마나 초라하고, 타인에겐 이해되지 않게 낯설었을지. 그제야 내 갑옷이 보이기 시작했다. 갑옷(유머)이 필요했던 시간은 이미 오래 전에 끝이 났는데, 아직도 난 이 무거운 갑옷을 벗지 못하고 있었다. 때에 따라 장소에 따라 그리고 나이의 변화에 따라 알맞은 옷을 입을 줄 알아야 하는데, 어리석게도 난 고집을 부리고 있었다.

저녁에는 입맞춤을 했는데, 투구를 벗으니 정말 행복했어요.
한번 입을 맞출 때마다 갑옷을 열 개 입은 것만큼 힘이 났어요.
둘은 결혼해서 유리 궁전에서 살았어요.
그리고 막스는 모든 코뿔소들이 좋아하는 왕이 되었답니다.
갑옷은 만약을 대비해서 정원에 세워 두었대요.

아주 오랜만에 마음속 옷장 문을 열었다. 아무리 눈을 씻고 찾아봐도 익숙한(편안한) 옷이 없다. 그리고 무엇보다 갑옷을 벗는 일이 생각만큼 쉽지 않다. 갑옷은 이미 내 피부와 하나가 되어 있고, 쉽게 벗을 수 있는 것도 아니니까. 그래서인지 어느새 난 예전의

나로 돌아가길 반복하고 있다. 하지만 조급해하지 않으려 한다. 갑옷을 벗다가 내 피부가 상해서는 안 되니까. 어설프고 조금 부족해 보여도 자기 자신을 인지하는 지금으로 족하지 않을까. 그러고 보니 오랜 시간 나를 지켜준 갑옷에게 오히려 고마움을 전하고 싶다. '하지만 갑옷, 앞으로는 조금 더 다양하고 아름다운 무늬를 지녀보자고!' 나는 또 다시 말을 건넨다.

헬메 하이네(1941~)

독일 베를린에서 경제학과 미술을 전공하고, 아시아로 끊임없이 여행하며 남아프리카에서 <절인 양배추>라는 선술집을 여는가 하면, 한때 풍자 잡지를 발행하고 연극(배우, 감독, 무대 제작)을 하기도 했습니다. 또한 독일과 뉴질랜드를 오가며 어린이 TV 프로그램 작업을 하고 조각도 하는 다재다능한 작가이기도 합니다.

그의 작품 중 가장 대표적인 작품을 꼽는다면 수탉 프란츠, 돼지 발데마르, 생쥐 조니가 등장하는 『세 친구』, 『세 친구의 즐거운 나들이』, 『생쥐 조니의 일기장』일 것입니다. 세 친구의 따스한 우정을 그린, 오랜 기억 속 친구와의 추억을 떠올리기 충분한 그림책입니다. 그의 그림책은 톡톡 튀는 기발한 상상력과 철학적인 이야기를 쉽고 간결하게, 마치 사이다처럼 시원하게 풀어내고 있습니다. 1976년 '독일 올해의 가장 아름다운 책'에 선정된 것을 시작으로 그의 작품은 지금까지 30여 개 이상의 언어로 번역되었습니다.

이 책은 꼭 읽어보자.

『세 친구』, 『세 친구의 즐거운 나들이』, 『친구가 필요하니』, 『세상에서 가장 아름다운 달걀』, 『어린 음악가 폭스트롯』, 『생쥐 조니의 일기장』

7.
엄마의 힘

『엄마가 만들었어』
하세가와 요시후미 글 · 그림

가느다란 눈썹을 가진 여인이 열심히 재봉틀을 돌린다. 저 멀리 그 모습을 지켜보는 한 아이가 있다. 그림책 하세가와 요시후미의 『엄마가 만들었어』의 표지는 이렇게 시작된다. 무엇보다 이 작품은 작가의 자전적 이야기라고 하니 그 의미가 더 크게 다가온다.

아빠가 돌아가신 뒤 엄마와 누나 그리고 올해 초등학교 3학년이 된 요시후미 이렇게 세 식구가 한집에 산다. 엄마는 재봉틀로 옷 만드는 일을 하셨다. 사고 싶은 옷을 말하면 뭐든 재봉틀로 손수 만들어 주시던 엄마. 어느 날 요시후미가 엄마에게 청바지를 사고 싶다고 말하자, 엄마는 검도복 천으로 청바지를 직접 만들어 주셨다. 분명 좀 이상했지만 요시후미는 그 옷을 입고 학교에 갔다. 반 친구들은 요시후미의 청바지를 보며 모두 웃었다.

"그게 뭐야? 청바지 같은데 청바지가 아니네?"

그리고 얼마 후 땀이 많은 아들을 위해 엄마는 체육복을 손수 만들어 주셨다. 반들반들한 와이셔츠 천으로 만든 체육복. 정말 마지못해 학교에 옷을 입고 갔는데 역시나 친구들은 옷을 보며 웃었다.

"그게 뭐야? 회사원 아저씨 같아. 체육복 같은데 체육복이 아니네?"

어느 날 친구가 멋있는 가방을 들고 왔다. 이것이라면 엄마도 만들 수 있겠다 싶어 엄마에게 가방의 모양과 색도 상세히 그려 드렸다. 그런데 완성된 가방 한가운데 '요시오'라는 이름이 크게 수놓아져 있는 게 아닌가. 아이들은 요시후미 같은데 요시후미가 아니라며 또 한 번 웃었다. 그러던 어느 날 엄마는 학교에서 보내온 '아빠 참관수업' 안내문을 받게 되었다.

"엄마가 갈게."

"안 와도 돼, 엄마."

"걱정 마. 갈게."

"창피하니까 됐어."

"갈 거야. 엄마가 아빠 대신이니까."

엄마는 양보하지 않았다.

"나도 다른 애들처럼 아빠가 좋아.

아빠가 왔으면 좋겠어. 아빠 만들어 줘.

뭐든지 만들 수 있다고 했잖아.

아빠를 만들어 줘."

엄마가 조금 슬픈 얼굴로 말했다.

"미안하다. 엄마 재봉틀로

아빠는 만들 수 없어."

밥에서 모래 맛이 났다.

이제 빛바랜 낡은 사진 한 장 속 이야기가 시작된다. 파마도 귀찮아 짧게 자른 머리. 주머니가 여섯 개나 달린 검정 조끼를 걸치고, 자기 몸보다 두세 배는 더 큰 리어카를 앞세운 채 가녀린 몸과 주름진 얼굴로 찡긋, 웃음 지으며 서 있는 여인. 분명 사진 속 여인은 나의 엄마의 모습과 닮았다.

작은 키, 쌍꺼풀진 큰 눈에 적당히 높은 콧대와 붉은 입술을 가졌던 엄마. 동네 사진관에 자신의 사진이 오랜 시간 걸려 있었다며 기뻐하던 엄마였다. 그렇게 엄마는 예뻤다.(불행히도 난 아빠를 닮았다.) 하지만 엄마는 환갑을 맞이할 무렵 환갑잔치 대신, 이혼을 강요당했다. 엄마는 끝까지 이혼을 피하려 애를 썼지만 아빠의 뜻은 그 어느 때보다 완강했다. 고통의 시간을 겪은 후 이제야 할 수 있는 이야기지만, 지나고 보니 이혼은 우리 가족 모두에게 가장 현명한 선택이었다. 아빠는 자신의 뜻대로 오랜 시간 염원하던 자유를 찾았고(서류상의 자유라도), 엄마는 자신의 삶을 스스로 일굴 힘을 얻었으며, 나 역시 그제야 나 자신에게 집중할 수 있는 최소한의 심리적 여유를 얻었으니 말이다. 그래서 지금도 난 이혼을 부정적으로 보지 않는다.

이혼 후 엄마는 며칠 동안 방안에서 누워만 지내셨다. 속상했다. 6년이란 긴 별거 기간이 있었음에도 아직 아빠에 대한 기대가 남은 것인지, 아니면 그 지옥 같은 부부의 인연을 다시 시작하고 싶었던 것인지. 열아홉 내겐 무엇도 이해되지 않았다. 다행히 몇 주 후 엄마는 스스로 자리를 털고 일어나 천천히 일자리를 알아

보기 시작하셨다. 평생 전업주부로 사셨지만 방이 남으면 하숙도 하셨고, 가게가 비었을 때는 틈틈이 장사도 하셨기에 크게 걱정을 하진 않았다. 넉넉하진 않았겠지만 집은 위자료를 통해 마련할 수 있었고, 나 역시 아르바이트를 하면서 공부를 하고 있으니 엄마에게 돈에 대한 부담은 그리 크지 않으리라 생각했다. 물론 이것도 세상 물정 모르던 나의 미천한 생각이었다.

사실, 그 시절 난 집에 무관심했다. 막연하게 엄마는 엄마대로, 나는 나대로의 삶을 사는 게 최선이라 여겼다. 서로를 위로할 만큼의 비축된 에너지가 없었고, 각자의 상처를 스스로 처리하지 않으면 더 위태로워질 뿐이었다. 살아 있는 것, 자기 일을 열심히 하는 것, 그것이면 족하던 시절이었다.

얼마 후 엄마는 작은 병원에서 청소일을 시작하셨다. 그렇게 몇 년이 흘렀을까. 몸이 안 좋아 하던 일을 잠시 쉬던 어느 날. 엄마는 길에서 신문지와 병을 하나둘 모아 오기 시작하셨다. 길가에 있는 병이나 신문지를 주워만 가도 돈이 생긴다며 엄마는 무척 신기해하셨다. 처음에는 정말 작게 시작한 일이었다. 그런데 어느 날 집 앞에 커다란 리어카 한 대가 떡하니 서 있는 게 아닌가. 용돈벌이로 시작한 일이 점점 규모가 커지고 있었다. 길에서만 폐지를 줍던 일은 건물에서 나오는 폐지 전체를 수거하는 일로 바뀌었고, 엄마는 자유로움이 좋다며 시작한 일에 점점 매여가고 있었다.

신기하게도 폐지 줍는 일을 시작하면서 엄마는 더 건강해지셨다. 매일 걷고 힘을 쓰다 보니 근력이 생긴 것인지, 손수레를 끌고 개천 길을 걷고 있으면 가슴이 뻥 뚫리듯 시원하다고 하셨다. 오랜 마음의 병, 화병이 치유된 것 같다며 흐뭇해도 하셨다. 그래서인지 엄마를 말리고 싶지는 않았다.

솔직히 큰 리어카를 끌며 아슬아슬하게 도로를 횡단하는 엄마의 모습은, 딸인 나로선 차마 지켜보기 힘들었다. 어릴 적부터 살아온 동네라 엄마가 하는 일을 모르는 사람이 없다는 점도 마음에 걸렸다. 나는 혹여 길에서 엄마를 마주칠까 고개를 숙인 적도 있었다.

하지만 내심 그런 엄마의 모습이 싫지 않았다. 타인의 시선을 의식하기보다 자신의 삶에서 가장 중요한 일을 선택하고, 그 일을 기쁘게 해내는 모습이 오히려 더 존경스러웠다. 그러나 시간과 함께 엄마의 육체는 점점 더 약해졌고, 일은 벅차게 다가왔으리라. 그런 어느 날 이른 아침, 엄마는 일하시다 심장마비로 쓰러지셨다. 그것이 엄마의 마지막 아침이었다.

갑자기 사라진 엄마, 홀로 남겨진 나. 후회되는 일은 수없이 많지만 후회하고 싶진 않았다. 그래도 신이 준 선물인지 엄마가 돌아가시기 6일 전, 나는 엄마의 죽음을 암시하는 꿈을 꾸었고, 그날부터 우린 함께 있었다. 하지만 사흘이 지나자 엄마는 다시 일을 해야 한다며 서울 집으로 서둘러 올라가려 하셨다.

"엄마 정말 가지 마. 지금 가면 어찌될지 몰라. 진짜 꿈이 안 좋다고."

"걱정하지 마. 딱 3년만 더 일하고 접을 거야. 이젠 더 하라고 해도 못해."

"엄마 이대로 나가면 정말 죽을 수도 있다니까."

"야! 쓰러지면 다시 돌아올게. 걱정하지 마."

"쓰러지는데 어떻게 돌아와!"

엄마는 내 말이 끝나기도 전 매몰차게 현관문을 닫고 서울 집으로 올라가셨다. 그것이 우리의 마지막 만남이었다. 사진을 들여다본다. 낯선 할머니가 엄마의 얼굴로 서 있다. 엄마가 이렇게 왜소한 몸에 주름진 얼굴을 가진 초라한 할머니의 모습이라니. 내가 기억하는 엄마는 40대의 고운 얼굴을 하고 쨍쨍한 목소리로 매일 나에게 잔소리를 퍼붓던 억센 여자인데. 엄마의 늙음, 외로움, 육체적 고통이 얼마나 오랜 시간 진행되어 온 것인지 난 미처 알지 못했던 것이다. 그 마지막 순간까지도.

『엄마가 만들었어』는 먹먹하지만 유쾌함을 주는 그림책이다. 그림책 속 아빠를 만들어 달라는 요시후미의 퉁명스러운 요청에 엄마는 어떻게 답했을까. 그다음 이야기는 그림책으로 꼭 확인해 주길 바라는 마음이다. 그리고 강인한 어머니의 모습을 추억하는 모든 이들에게 이 책을 추천하고 싶다.

하세가와 요시후미(1961~)

요시후미는 일본 오사카에서 태어났습니다. 그래픽 디자이너로 일하다가 지금은 어린이책을 쓰고 그리고 있습니다. 『배짱 할머니의 죽』으로 제34회 고단샤 출판문화상 그림책 상, 『내가 라면을 먹을 때』로 제13회 일본그림책상을, 『엄마 괴물』로 제14회 켄부치 그림책마을 대상을 받았습니다. 그리고 노래하는 것을 좋아해 어린이들에게 자작곡을 불러 주는 음악 활동도 열심히 하고 있습니다. 간결하고 거친 붓 터치로 그려진 그의 그림은 다소 익살스럽게 느껴집니다. 하지만 그의 작품 속 이야기들은 그리 가볍지만은 않은 우리의 일상과 가족을 따스하게 그려내고 있습니다.

이 책은 꼭 읽어보자.

『내가 라면을 먹을 때』, 『우리 집 일기예보』, 『괜찮아요 괜찮아』 『오늘도 화났어!』

2장

관계

1. 선홍빛 선 하나 · 『빨간 풍선』
2. 자기만의 세계 하나쯤 · 『웨슬리 나라』
3. 어른, 엄마 · 『고함쟁이 엄마』
4. 아직도 고민 중 · 『두고 보자! 커다란 나무』
5. 거리두기 · 『엄마, 난 도망갈 거야』
6. 내가 어때서 · 『나 하나로는 부족해』
7. 오늘 당신의 느낌은? · 『눈물바다』
8. 아버지 · 『우리 가족입니다』

작은 것들보다 큰 보물은 없습니다.
작은 것 하나가 세상을 바꿉니다.

– 〈작은 새〉, 제르마노 쥘로

1.
선홍빛 선 하나

『빨간 풍선』
황수민 글 · 그림

쇄골 바로 윗부분 정중앙에 자리잡은 5센티미터 정도 되는 선홍빛 선 하나. 그 선 하나를 가리기 위해 쌀쌀한 봄에는 여러 색상의 스카프를 두르고, 더운 여름에도 블라우스 맨 위 단추를 꼭꼭 채웠다. 어디 그뿐인가. 겨울에는 추위를 핑계 삼아 터틀넥 티셔츠를 입고도 목도리로 다시 한번 목을 꽁꽁 감쌌다. 수술 후 처음 6개월 동안은 수술 부위의 노출을 피하라는 의사의 지시가 있었고, 상처의 흔적을 옅게 하려 24시간 치료용 약과 밴드를 열심히 바르고 붙였다. 그러다 보니 목 주위를 항상 가리고 다니는 게 습관이 되어 버렸는데, 그럼에도 수술의 흔적은 늘 선명해 보였다. 적어도 나에겐.

늦가을 제주 여행, 평소라면 콘도나 펜션을 예약했겠지만 이번에는 게스트하우스에 머물 예정이었다. 내가 마음에 둔 곳은 분주한 서울 생활을 등지고 아름다운 제주도에 터를 잡은 두 여인이 운영하는 게스트하우스였다. 내심 그녀들의 제주도 정착기가 궁금하기도 하고, 그녀들의 용기도 부러웠다. 제주도, 누구나 한 번쯤은 꼭 살아보고 싶은 곳이 아니던가.

아이의 손을 붙잡고 대중교통을 이용해 간신히 도착한 곳은 작은 시골 마을 대평리. 청명한 햇살에 한적한 시골 마을은 반짝반짝 빛이 났다. 여행의 시작, 나쁘지 않다. 사실 이번엔 특별한 목적이 없는, 우연과 인연에 의해 움직이는 다소 게으른 여행을 생각했었다. 게스트하우스 이름이 쓰인 표지판을 따라 천천히 좁은 골목을 지나니 강아지 두 마리가 맹렬히 짖기 시작했다. '여긴가?' 소박한 단층 주택에 작은 별채(카페) 하나가 딸린 집. '뭐, 군산 이모네와 다를 바가 없군.' 아무래도 괜찮다. 별채 앞 저 멀리 바다가 보이니 그것으로 만족이다.

선택은 탁월했다. 밤마다 전국 각지에서 몰려든 여행자들로 게스트하우스는 하루하루가 작은 축제였다. 그날도 어김없이 저녁이 되자 게스트하우스의 두 주인장과 손님들은 하나둘 작은 카페 안으로 모여들기 시작했다. 유독 이 게스트하우스엔 홀로 제주도를 찾은 중년 여성들이 많았다. 나도 남편 없이 아들과 떠난 첫 여행이었으니까. 왠지 모를 홀 가 분 함. 연령도, 직업도, 여행의 목적도 모두 다르지만 오늘 밤 '여행자'란 이름으로 우린 모두 친구가 되기 충분했다. 오랜만에 느끼는 신선한 만남과 새로운 이야기들에 한껏 취해 있을 무렵, 젊은 커플이 카페 안으로 들어섰다.

둘은 부부라 했다. 아담한 키, 균형 잡힌 단단한 체구에 날렵한 콧대와 살짝 올라간 입꼬리를 가진 남성은 중년 여성들이 가득한 카페에서도 재치 있는 입담으로 이야기를 이끌었다. 30대 초반의 아내는 성글성글한 큰 눈에 부드러운 갈색 웨이브 머리가 차분한 느낌을 주는 여인으로, 조용히 남편 곁에 머물러 있었다. 그녀는 특별히 자신의 이야기를 꺼내진 않았지만 남편의 말이 논리적이지 않을 때마다 조목조목 상냥한 어투로 남편의 말을 설명해 주었다. 서로를 아껴주는 둘의 모습이 다소 낯설기도 했고, 예뻐 보이기도 했다.

그런데 그때, 그녀의 목에 붙은 살색 밴드가 내 눈에 들어왔다. 그녀는 목 가운데 밴드를 붙이고 시원하게 목이 드러난 옷을 입고 있었다. 밴드의 위치와 크기로 보아 나와 같은 수술을 한 게 분명했다. 갑상선암 수술이 흔하다고들 하지만 주위에서 나와 같은 상처를 지닌 사람을 만난 건 이번이 처음이었다. 우선, 반가웠다. 무엇보다 목을 과감하게 드러낸 그녀의 모습이 놀랄 만큼 멋져 보였다. 하지만 나는 그녀와는 대조적으로 남방 단추를 끝까지 채우고, 그것도 모자라 검정 카디건으로 한 번 더 목을 감싸고 있었다. 아뿔싸! 상처 난 부위만 살짝 가리면 되는 것을 나는 왜 더운 여름 내내 온몸을 꽁꽁 싸매고 다녔던 걸까. 그 순간, 이웃 엄마들의 목소리가 귓가를 맴도는 듯했다.

"저 엄마 더워 죽겠는데 대체 왜 저러고 다니는 거야!"

"에구구~."

또 다른 용기

아직도 난 부끄러운 게 많다. 아마 어릴 적부터 쭉 그래왔을 거다. 타고난 유머 감각 때문에 혹자는 날 그리 보지 않았겠지만, 내 안에는 여전히 부끄러움 많은 아이가 숨어 있다. 그래서 오늘 소개하고 싶은 책은 황수민 작가의 『빨간 풍선』이다. 사람들이 쳐다보기만 해도 너무 부끄러워 얼굴이 빨개지는 아이. 그런 이유로 그림책 속 아이는 빨간 풍선으로 얼굴을 가리고 다닌다. 교실에서도, 소풍을 가서도, 서커스 구경을 올 때도 아이는 빨간 풍선으로 얼굴을 가리고 다녔다. 빨간 풍선은 너무 부끄러워 아무것도 할 수 없던 아이에게 엄마가 주신 선물이었다.

그런데 서커스 공연을 보다 아이는 그만 풍선을 놓치고 말았다. 아이는 날아가는 풍선을 잡으려 뛰었고, 다행히 풍선은 부끄러움이 많아 서커스를 할 수 없었던 코끼리의 코에 살짝 걸려 있었다. 서커스가 끝나고 빨간 풍선을 찾아 집으로 돌아오는 길. 아이는 부끄러움 많은 코끼리에 대한 생각을 지울 수 없었다. 자신과 똑같은 상처를 지닌 이에게 누구나 마음이 쓰이는 법이니까. 그래서 다음날 아이는 코끼리에게 다시 달려간다.

"코끼리야. 이 풍선으로 얼굴을 가리고 서커스를 해봐. 그럼 부끄럽지 않을 거야."

그날 코끼리는 아이가 건네준 풍선 덕분에 용기를 내어 서커스

무대 위에 설 수 있었다. 그리고 집으로 돌아오는 길, 무슨 이유에선인지 아이는 천천히 자신의 빨간 풍선을 놓아버렸다.

"이제 나도 또 다른 용기가 필요한 때인 것 같아요."

"안녕! 풍선아!"

부끄러움을 주제로 한 그림책은 참으로 많다. 유아의 특성상 수줍음을 타는 아이들이 많기도 하고, 내 아이가 더 용감해지길 바라는 부모의 마음도 크기 때문이리라. 그래서인지 그림책의 내용은 대부분 다소 교훈적인 이야기로 마무리되는 경우가 많다. '부끄러운 마음', 가리고 감추고 숨기고만 싶은 그 마음을 그대로 그려낸 그림책은 이 책이 유일했다. 부끄러운 마음의 온도를 그대로 옮겨낸 그림책. 오랜 시간 얼굴이 빨개지는 아이로 살아온 이들이라면 충분히 이해하리라.

내 이야기를 좀더 하자면, 나는 우선 남다른 시선과 질문 그리고 웅성거림이 부담스러웠다. 드러내기 싫은 상처를 일일이 설명해야 하는 건 사실 아직도 힘든 일이다. 그래서 마치 상처가 없는 듯, 상처가 무엇인지 모르는 사람처럼 굴고 싶었을 거다. 무엇보다 5센티미터의 선홍빛 선에는 처음 느낀 죽음에 대한 공포와 스스로를 제대로 관리하지 못했다는 자책까지 새겨져, 내겐 더 부끄러운 상처로 남아 있었다. 그래서 가릴 수만 있다면 일단 가리고 싶었다. 그림책 속 아이의 빨간 풍선이 내겐 스카프였고 남방이었으며 카디건이었다. 그런데 그녀를 만난 순간 머리에 해머를 맞은 듯 멍해졌다. 타인의 입장에서 바라본 나의 상처는 저 조그마한 살색 밴드에 가려질 만큼이나 작디작은 것이었으니까.

치료가 다 끝난 상처를 애써 숨기고, 상처에 더 많은 이유를 덧대어 쓸데없이 상처의 무게만 늘렸다. 정말 그럴 필요까지는 없었는데 말이다. 그래도 아직까지 내 목에는 얇은 목걸이 하나가 수술 부위의 상처를 살짝 가려주고 있다. 그림책 속 아이처럼 빨간 풍선을 아주 놓아버리진 못한 것일까. 하지만 이제 상처의 무게는 선홍빛 선 하나로 작아졌다. 아이가 자신의 빨간 풍선을 놓아버렸듯, 나도 이젠 내 상처를 가볍게 봐줄 수 있을 것 같다. 다가올 여름, 나 역시 그녀처럼 내 목을 시원하게 드러내리라. 그리고 내 빨간 풍선 하나를 하늘로 가볍게 날려 보내련다.

'이제 안녕, 내 몸과 마음에 새겨진 선홍빛 상처야!'

황수민

제겐 아무도 모르는 비밀 상자가 있어요. 아주 평범해 보이는 상자이지만 제겐 무척 특별한 상자예요. 아무도 모르게 꼭꼭 감춰 놓았던 그 상자 안에서 처음으로 빨간 풍선을 꺼냈어요. 평범하지만 특별한 나의 상자 속 빨간 풍선 이야기를 하고 싶어요. - <빨간 풍선> 중에서 -

경민대학교 만화과를 졸업하고 현재 일러스트레이터로 활동하고 있습니다. 마음속에 품어 온 빨간 풍선의 이야기로 첫 창작 그림책을 냈습니다. 그동안 그린 그림책으로 『올리버 트위스트』, 『세상에서 가장 멋진 일』, 『아인슈타인』, 『레니의 공간』 등이 있습니다.

2.

자기만의 세계 하나쯤

『웨슬리 나라』

폴 플레이쉬만 글 / 케빈 호크스 그림

"도대체 뭘 하는데 그렇게 매일 바빠?"

"무슨 공부가 끝이 없어?"

"그래서 언제 돈을 버는 건데?"

싱긋, 미소 지으며 쉽게 건네는 그녀들의 말이 곱지 않았다. "뭐 딱히 하는 일도 없는 것 같은데 매일 바쁜 척은 혼자 다해!"라는 의미를 나 역시 모를 리 없다. 카페에 앉아 홀로 책을 읽고 있으면 "책은 집에서 조용히 읽으면 되지, 뭐하러 시끄러운 카페에서 혼자 저러고 있니?"라던 그녀. 혹여 혼자 조깅을 하다 마주치는 날이면 "저 엄마 요즘에 왜 저렇게 혼자 다녀? 무슨 일 있는 거 아니야?"라고 뒷담화를 하던 그녀. 그래도 언젠가 기회가 되면 카페에서 홀로 책을 읽는 여유로움에 대해, 음악을 들으며 홀로 달리는 그 홀가분함에 대해 이야기를 나눠볼까. '휴~ 아니다.' 쉽게 던진 말에 쓸데없이 예민하게 굴지 말자. 그녀들은 그 유명한 내 '이웃집 여자(엄마)'가 아니던가.

전업주부가 된 후 소소한 배움의 기회는 많았지만 무엇 하나 손에 잡히는 일은 없었다. 그러다 보니 틈나는 대로 그녀들과 식사를 하고 커피를 마시며 잡다한 이야기들로 몇 년을 웃고 떠들며 보냈다. 고백하자면 그 시절 나 역시 지나치게 걱정이 많은 '이웃집 여자'였으리라. 그뿐인가. 관계에서 오는 치졸한 다툼에 때론 가해자이자 피해자로 스스로의 에너지를 모두 방전시키면서도 무리에서 쉽사리 벗어나질 못했다. 아니, 홀로 있음을 마치 무리에서 버림받은 것이라 여기며 오히려 과도하게 관계에 집착했다. 물론 그 시간을 통해 얻은 귀한 인연이 있긴 했지만, 돌아보면 관계의 깊이는 꼭 만남 횟수와 비례하는 것은 아니었다.

분명한 자신만의 세계

그림책 『웨슬리 나라』의 주인공 웨슬리. 그는 엄마, 아빠도 이해하기 힘든 조금은 유난스러운 아이다. 스스로 문명 세계에서 버림받았다고 생각할 만큼 다른 아이들과는 조금 다르다. 예를 들면, 웨슬리는 아이들이 좋아하는 피자와 탄산음료도 싫어했고, 축구를 바보 같은 짓이라 여겼으며 다른 남자 애들처럼 머리카락을 짧게 밀지도 않았다. 그러다 보니 웨슬리는 친한 친구가 없었고 오히려 웨슬리를 괴롭히는 아이들만 늘어갈 뿐이었다.

하지만 웨슬리가 좋아하는 일은 분명했다. 홀로 방대한 양의 책을 읽으며 늘 새로운 생각들로 자신의 하루를 가득 채워나가는 일이 그것이다. 무엇보다 웨슬리는 이번 여름 방학엔 곡식을 심어 자신만의 세계를 만들어 보기로 마음먹었다. 그리고 다음 날, 웨슬리는 마당에 밭 한 뙈기를 일구어 두었다. 그날 밤 놀랍게도 서쪽에서 바람이 불어와 밭에 이름 모를 씨를 뿌리고 갔다. 숲 사이를 달려온 바람이 웨슬리 방의 커튼을 세차게 잡아당긴 덕분에, 웨슬리도 바람이 밭에 씨 뿌리는 소리를 들을 수 있었다.

씨앗은 닷새 뒤 새싹이 돋아나기 시작했어.

옆집 아저씨가 충고했지.

"그놈의 잡초를 뽑아 버리지 않으면 온통 풀밭이 되고 말 거다."

웨슬리는 대답했어.

"이건 제가 키우는 식물이에요. 내 밭에는 잡초가 따로 없어요."

여기서도 어김없이 물어보지도 않은 일에 자기 식의 충고와 걱정을 한아름 쏟아내는, 마치 고장난 수도꼭지 같은 옆집 아저씨가 등장하고 있다. 이제 아저씨의 걱정은 아저씨 것으로 내버려 두자. 웨슬리 말대로 웨슬리의 밭에는 잡초란 없었다. 모든 것이 그의 세계에서는 반가운 손님이었으니까. 얼마 후 그 이름 모를 식물에는 놀랍게도 맛있는 열매가 열렸고, 그 열매와 잎과 뿌리로 웨슬리는 점점 자신만의 세계를 만들어 갈 수 있었다. 스스로 옷을 만들어 입기도 하고, 모기를 퇴치하는 기름도 팔고, 새로운 놀이를 발명하기도 하면서. 그러자 신기하게도 '웨슬리 나라'에는 웨슬리 또래 친구들이 하나둘 모여들기 시작했다.

내 주위에도 웨슬리와 같은 친구들이 있었다. 그들의 독특함과 창조적 몰입은 부모나 교사 그리고 친구들에겐 걱정거리였고, 때로는 그 이상의 비난을 받기도 했다. 일본의 유명한 소설가 요시모토 바나나 역시 이와 비슷한 과거를 가지고 있었다. 어느 날 친구와 잘 사귀지 못하고 매일 책만 읽는 요시모토 바나나를 걱정하던 이들에게, 요시모토 바나나의 아버지는 '친구라는 건 별로 중요하지 않다. 그냥 책을 읽게 내버려두어라. 인간에게는 어둠이 필요하다.'라고 말했다고 한다. 지혜로운 아버지의 말씀 덕분인지 요시모토 바나나는 지금까지 자신의 세계를 건실히 이끈 작가로 살아가고 있다.

『웨슬리 나라』를 읽으며 무엇보다 친구들과의 관계 회복을 위해 특별히 애쓰지 않는 웨슬리의 모습이 신선했었다. 심리 치료를 받거나 인간관계 기술을 터득하려고 노력하는 대신, 자신이 좋아하고 관심 있는 분야의 일을 하나씩 늘려가며 '자기만의 세계'에 더 깊이 몰입하던 웨슬리. 하지만 놀랍게도 그는 자신이 만든 세상을 통해 타인과 소통하는 새로운 방법을 익혔고, 친구들 역시 그의 세계에서 색다른 즐거움을 찾을 수 있었다. 더이상 웨슬리는 외톨이가 아닌 웨슬리 나라의 창조자이자, 아이들에겐 새로운 세계를 보여주는 제법 재미난 친구가 되어 있었다.

자기만을 위한 절대 시간

마흔, 나는 이제야 겨우 무리에서 벗어나 홀로 있는 시간을 선택할 수 있게 되었다. 어쩌면 그동안 난 무리에서 주어지는 작고 지극히 평범한 열매를 얻기 위해 내 집 앞마당에 놓인 나무를 방치했는지도 모른다. 그런 이유로 지금까지 나만의 맛과 향을 지닌 열매를 수확해 보지 못했던 것이고. 고개가 빠져라 타인의 세계에 집중하는 삶은 쓸데없이 번잡하고 피곤했다. 그래서일까. '우리의 불행은 거의 모두가 자신의 방에 남아 있을 수 없는 데서 온다'는 파스칼의 말이 더욱 지워지지 않는다. 생각해보면 많은 시간 타인과의 관계를 개선하려 부단히 애를 쓰며 보냈다. 그러한 노력 대신 웨슬리처럼 자신만의 세계에 고요히 머물며, 자신이 하고 싶었던 일들을 천천히 시작했다면 어땠을까.

언제부턴가 매일 울리던 카톡 소리는 멈췄고, 그녀들의 쏟아지는 이야기들도 더이상 들리지 않게 되었다. 때때로 무리에서 벗어난 것이 쓸쓸하고 두렵기도 했다. 그러나 지금의 시간을 포기할 만큼은 아니었다. 이 시간을 인정하고 편안한 일상으로 만들기까지 적지 않은 용기와 인내가 필요했으니까. 지금 이어폰 사이로 음악이 흐르고 있고, 이젠 이 길을 가볍게 달려볼 생각이다. 그럼

한 시간 후 어느 카페에 앉아 홀로 책을 읽으며 글도 쓸 수 있으리라. 그러니 달리자. 조금 더 풍요로운 나만의 세계를 위해 Go.

폴 플라이쉬만(1952~)

1952년 미국 캘리포니아 주 몬터레이에서 태어나 버클리 캘리포니아 대학과 뉴멕시코 대학을 다녔습니다. 1989년 뉴베리 상을 받는 등 청소년부터 어른까지 읽을 수 있는 책을 써왔습니다.

케빈 호크스

유타 주립대학에서 일러스트레이션을 공부하고 보스턴으로 가 어린이책 서점에서 일하면서 틈틈이 그림책 공부를 했습니다. 그린 책으로 『시간 여행을 만든 사람』, 『아주머니들의 섬』, 『나는 쥐였어!』 등이 있습니다.

이 책은 꼭 읽어보자.

『작은 씨앗을 심는 사람들』, 『길을 잃었어』 / 폴 플라이쉬만
『도서관에 간 사자』, 『지구 둘레를 잰 도서관 사서』 / 케빈 호크스

3.
완벽한 엄마는 없다

『고함쟁이 엄마』
유타 바우어 글 · 그림

'부모를 버려라, 그래야 어른이다.'
부모란 작자들은 한심하다/ 태어나 보니 지옥이 아닌가/ 별생각 없이 당신을 낳았다/ 낳아 놓고는 사랑도 안 준다/ 노후를 위해 당신을 낳은 거다/ 그러니 당장 집을 나가라/ 집 안 나가는 자식들은 잘못 키운 벌이다/

이것은 마루야마 겐지의 『인생 따위 엿이나 먹어라』 1장 제목과 소제목만을 모은 것이다. 따끔한 그의 지적에 내심 반기를 들고 싶었지만 그럴 수 없었다. 끼니때가 되어 주린 배를 채우려 허겁지겁 음식을 집어삼키듯, 인생의 중요한 선택들은 오히려 성급하고 안이하게 결정되었으니까. 그것을 욕망이라 할지도 모르겠다. 그래, 깊이 생각하지 못했다. 그저 막연하고 근거 없는 희망과 자신감으로 이 길로 들어선 것이다. 그래서 부모라는 이름이 매번 참 무겁다.

며칠 전 친한 동생에게 전화 한 통이 걸려왔다. 그녀는 아침부터 아이와 전쟁을 치러 몸도 맘도 힘들다 했다. 그녀는 마치 고해성사를 하듯 내게 자신의 이야기를 털어놓았다. 그리고 나도 그녀를 위해(=나를 위해) 비슷하지만 더 격렬했던 이야기 하나를 투척했다. 그렇게 웃고 떠들며 서로를 위로했다. 이렇게라도 마음의 쓰레기를 정화해야 제정신의 '엄마'로 살아갈 수 있다.

그녀는 또 이런 말도 했다. "언니! 육아서는 다 거짓말 같아요. 아이에게 화를 안 내는 부모가 도대체 어디 있어요. 그게 가능한 거예요?" 그녀는 아이와의 관계가 삐거덕거릴 때마다 육아서를 통해 지혜를 구해보려 했지만, 책을 읽으면 읽을수록 마음만 더 답답하고 죄의식만 쌓여 간다며 한숨을 내쉬었다.

아이에게 화를 내는 건 엄마(어른)의 잘못이라는 걸 모두가 안다. 아이는 아이이기에 마땅히 실수할 수 있고, 잘못 할 수 있다. 그래서 아이인 것이다. 하지만 엄마(어른)는 예외다. 어른은, 아무리 화가 나도 '화' 자체를 아이에게 표출하는 것은 적절하지 못하다. 감정적으로 화를 내기보단 단호한 어투로 아이가 잘못한 일에 대해 간단히 설명하는 게 통상적인 육아서에서 말하는 훈육법이다. 그런데 이상하지. 이건 아무리 봐도 도인(道人)의 세계가 아닌가. 그런데 왜 도인들은 아이를 낳으려 하지 않을까? 현실은 불순물이 가득 낀 렌즈와 같은데 아무리 애를 써도 렌즈에 낀 먼지를 말끔히 제거할 순 없었다. 언제나 현실과 전문가들의 처방전의 간격이 커, 그녀도 나도 이젠 처방전을 의심하기에 이른 것이다.

치유하는 엄마

유타 바우어의 『고함쟁이 엄마』는 이미 엄마들 사이에선 꽤 유명한 그림책이다. 그렇다고 이 책을 빼놓을 수는 없었다. 엄마의 고함(화)에 아이가 느끼는 감정들을 이렇게 직설적으로 그려낸 그림책이 또 있을까 싶어서다.

오늘 아침, 엄마가 나에게 소리를 질렀어요.

깜짝 놀란 난 이리저리 흩어져 날아갔지요.

내 머리는 우주까지 날아갔고요,

내 몸은 바다에 떨어졌어요.

엄마의 고함에 아이의 몸은 산산이 부서졌다. 아이는 자기의 몸을 찾아보고 싶었지만 두 눈이 우주로 날아가버려 아무것도 볼 수 없었고, 소리를 지르고 싶었지만 부리가 산꼭대기에 올라가 있어 아무 소리도 낼 수 없었다. 아무 말 못하고 눈동자만 이리저리 굴리고 서 있던 내 아이의 모습을 보는 것 같아, 나는 이 책을 읽을 때마다 늘 괴로웠다. 하지만 아이의 마음이 찢어지던 날 엄마의 마음은 또 어땠을까.

화내고 소리치고 주장하고 돌아서는 일의 반복. 이성과 감정 사이의 팽팽한 끈이 모두 끊어져 버릴 때 아이도, 엄마도 모두 고통스럽다. 울다 잠을 청한 아이의 얼굴을 바라보며 미안함에 눈물을 흘린 날이 어디 한두 번일까. 때론 이 도돌이표 같은 삶을 모두 끝내 버리고 싶은 날은 또 얼마나 많았던가. '도인'이 아닌데 도인인 척해야 하는, 완전한 어른이 되지도 못했건만 꽤 괜찮은 어른처럼 굴어야 하는 엄마도 아프고 지친다. 미숙하고 늘 미흡한 엄마인 나도 이 모든 것이 처음이란 말이다.

아이를 양육한다는 건 누구에게나 고되고 어려운 일이다. 그것은 내 안에 숨기고 싶은 모든 감정의 색들을 다 들키게 만들고, 정말 우아하게 살고 싶던 마지막 자존심까지 산산이 부서지게 한다. 그에 지쳐 엄마들은 매일 스스로에게 말한다. "난 이런 사람이 아닌데, 정말 내가 왜 이렇게 된 거야?", "내 정신에 문제가 있나? 저혈압 아니면 호르몬에 문제가 있는 거야.", "아니야! 너무 피곤해서 그래. 아! 화 조절이 안 되는 거 그게 문제야!" 나 또한 몸과 마음과 자신의 과거를 탓하며 하루를 허무하게 마감했었다.

바로 그때였어요.
엄마가 내 모든 걸 다시 모아 한데 꿰매고 있었어요.
두발이 맨 마지막 차례였던 거지요.
다 꿰매고 나서 엄마는 말했어요.

"아가야, 미안해."

처음 그림책을 읽었을 땐 산산이 찢긴 아이의 모습만 보였다. 아이에 대한 미안함과 스스로에 대한 죄책감으로 난 늘 같은 자리에 머물러 있었다. 하지만 오랜 시간 책을 읽다 보니 이젠 아이를 꿰매고 있는 엄마의 얼굴에 눈길이 머물렀다. 그림을 더 자세히 들여다보니 "아가야, 미안해"라고 말하는 엄마의 표정에 엷은 미소가 지어져 있는 게 아닌가. 뿐만 아니라 아이의 표정도 익살스럽기만 하다. 아까 몸이 산산이 흩어진 그 아이가 맞을까 싶을 정도로 엄마를 바라보는 아이의 얼굴은 장난기 가득한 표정이다. 마치 아이는 엄마가 자신을 다시 꿰매어 줄 것을 모두 알고 있었다는 듯한 미소를 짓고 있다.

짧은 그림책 속 작가의 따스한 시선이 고마웠다. 가끔(?) 화를 내며 아이에게 상처를 주기도 하지만 그 상처를 치유하는 이 역시 엄마라는 걸 알게 해 주었으니까. 그래, 조금 더 말랑말랑해져야겠다. 고함지르지 않고 아이를 키울 수 있다는 고상한 교만도, 화를 내지 않고도 아이를 훈육할 수 있다는 거대한 욕심도, 늘 웃음과 행복만 가득한 양육이 가능하리라는 어리숙한 믿음도 이젠 버릴 때가 되었다. 지나치게 완벽한 관계를 유지하려는 환상에서 벗어날 수만 있다면 내가 느끼는 이 심리적 무게감도 그림책 속 펭귄처럼 조금은 가벼워질 수 있으리라.

마루야마 겐지의 말처럼 부모란 작자들은 때때로 한심하고, 별 생각 없이 아이를 낳았을지도 모른다. 하지만 그것이 전부는 아니다. 부모가 되길 선택한 이들은 자신의 과거를 다시 바라볼 수 있는 용기를 가진 이들이며, 손익을 따질 수 없는 희생을 체득할 만큼의 근기를 지닌 자들이고, 자신을 가장 정직하게 배울 기회를 부여받은 이들이기도 하다. 그건, 그저 옆에서 바라보는 이들의 두려움과 걱정을 넘어서는 또 다른 세계를 경험하는 것이다. 그러니 지치지 말고 욕심내지 말고 부디 웃으며 이 길을 걸었으면 한다. 말처럼 쉽진 않겠지만.

유타 바우어(1955~)

독일에서 태어나 함부르크 디자인 전문학교에서 공부했습니다. 졸업 후 7년 동안 여성 대중지에 만화를 연재하다가 1981년부터 동화책 삽화를 그리고 어린이를 위한 글을 쓰기 시작했습니다. 지금까지 40여 권의 그림책을 짓고 18개 국의 독자에게 사랑받아 온 그는 독일의 대표적인 그림책 작가로, 1997년 『셀마(Selma)』를 발표하며 인정받았고 2010년 어린이책의 노벨상인 한스 크리스티안 안데르센 상 일러스트레이터 부문(Hans Christian Andersen Award Illustrator Winner)을 수상했습니다.

이 책은 꼭 읽어보자.

『셀마』, 『율리와 괴물』, 『할아버지의 천사』, 『색깔의 여왕』

4.

아직도 고민 중

『두고 보자! 커다란 나무』
사노 요코 글 · 그림

여기 아름드리 커다란 나무 한 그루가 서 있다. 커다란 나무 옆 조그만 집에는 수염을 기른 아저씨 한 분이 살고 있었다. 봄이 되면 커다란 나무에는 아름다운 꽃이 가득 피고, 지나가던 우체부도 나무를 바라보며 정말 훌륭한 나무라 감탄하곤 했다. 하지만 정작 아저씨는 "나한테는 성가신 나무일 뿐이야."라며 나무에게 투덜거린다.

그도 그럴 것이 아저씨가 곤히 잠든 아침, 어느새 커다란 나무엔 작은 새들이 몰려와 노래를 부르기 시작했다. 그러면 아저씨는 시끄러워 도저히 잠을 잘 수 없다며 잠옷 바람으로 뛰쳐나와 나무를 걷어차며 말했다. "어디 두고 보자." 나무 아래서 차를 마시는 것을 좋아하는 아저씨는 어느 날 찻잔에 떨어진 새똥을 보고 또다시 나무를 걷어차며 말했다. "어디 두고 보자." 아저씨는 햇볕 좋은 날 빨래를 널어도 커다란 나무 그늘에 가려 빨래가 바짝 마르지 않는다면서 투덜거렸고, 여름날 시원한 나무 그늘 아래 그물침대에 누워 낮잠을 잘 때도 애벌레들이 낮잠을 방해한다며 커다란 나무를 탓했다.

그런데 눈이 내리는 어느 겨울날, 집 앞의 눈을 치우려는데 나무에서 아저씨 머리 위로 눈덩이가 그만 툭 하고 떨어지는 게 아닌가. 아저씨 몸 위로 눈덩이가 투 툭, 연거푸 떨어지자 "두고 보자! 이 몹쓸 나무!" 하고 외친 아저씨는 더는 화를 참지 못하고 집으로 뛰어들어가 도끼를 들고나와 커다란 나무를 베어 버리고 말았다.

낯선 나무

IMF 위기 이후 한동안 취업 시장은 꽁꽁 얼어붙어 있었다. 다행히 내가 졸업을 하던 해엔 신생 IT 벤처 기업들이 우후죽순 생겨나 나는 운이 좋게도 대기업에 투자를 받고 있던 벤처 기업에 입사하게 되었다. 하지만 모든 것을 새롭게 만들어야 했던 벤처 기업의 실험들은 터를 잡기도 전 공허하게 무너져 내렸다. 우리 회사도 마찬가지였다.

나의 기나긴 연애 또한 지지부진했다. 남자친구의 장난스러운 청혼만 오고갔을 뿐, 8년 동안 우린 계속 '연애 중'이었다. 게다가 그가 보란 듯 졸업 후 취업 대신 대학원을 선택하면서 자연스럽게 우리의 결혼 이야기는 더 멀어져갔다. 사실 그는 그때까지도 자신의 부모에게 내 존재를 알리지 않고 있었다. 길고 지지부진한 우리의 연애사를 지켜본 건 오로지 나약했던 내 엄마뿐. 그리고 그를 어렵게 아버지에게 소개한 날 밤, 그는 내게 이별을 고했다. 내 가정사(부모님의 이혼)를 자신의 부모님에게 말할 용기가 나지 않는다는 것이 그 이유였다. 이로써 우리의 기나긴 만남과 그 오랜 약속은 모두 거짓이 되었다.

미래가 보이지 않던 회사, 내 숨을 조이던 엄마, 용기 없는 그에게서도 나는 되도록 멀리 떠나고 싶었다. 그렇게 찾아간 곳이 땅끝 마을의 작은 절이었다. 사실 난 기독교 모태신앙인으로 법당에서도 기도를 할 만큼 불교에 대해선 아는 것이 없었다. 그럼에도 절에 머문 시간은 내 생애 가장 나다운 시간이었다.

그때까지도 남자친구와의 인연은 말끔히 정리되지 못한 상태였다. 긴 연애 기간만큼이나 얽힌 인연과 감정은 쉽게 정리되지 않았다. 그런 어느 날, 그는 내게 전화를 걸어 자신도 산사체험을 꼭 한번 해보고 싶다고 했다. 말리지 않았다. 보고 싶기도 했고. 그로부터 며칠 후 대웅전 앞 넓은 공터를 열심히 쓸고 있는 그와 마주할 수 있었다.

멀리서 그가 보였다. 그런데 그가 저렇게 작고 초라했던가. 그의 모습이 무척 낯설게 보였다. 지금까지 그는 내게 한 그루의 커다란 나무였다. 베어 버릴 엄두를 내지 못할 만큼 귀하고 아름다운 커다란 나무. 나를 낳아준 부모보다 내게 더 큰 영향력을 행사하고, 아무리 채우려 애를 써도 채울 수 없던 내 반쪽을 가진 유일한 사람. 하지만 그건 지금까지 내가 만들어온 환상에 불과한 게 아닐까. 모르긴 몰라도 그는 예전이나 지금이나 저 모습 그대로였을 거다. 선한 마음을 품었지만 사랑을 지킬 용기가 없고, 이상은 있지만 그것을 실현할 방법을 아직 터득하지 못한 어리고 미약한 소년. 여태 그것을 보지 못한 게 오직 나 하나라고 생각하니, 그 순간 그에 대한 분노와 증오도 볼품없이 작아지고 있었다.

스물일곱, 봄

나는 집으로 돌아와 새롭게 직장을 구하고, 요가를 배우기 시작했다. 수련의 한 방편으로 요가를 선택했던 것이다. 그와의 관계도 여전했다. 그렇게 봄이 되었고, 나는 지인의 소개로 집단 상담 프로그램에 참여하게 되었다. 그리고 프로그램의 마지막 날, 이제는 그와 정말 헤어져야 한다는 생각을 했다. 처음이었다. 미래도 없고 건강하지도 못한 우리의 만남을 더이상 이어갈 이유가 없음이 확연해졌다. 무엇보다 그가 나를 진심으로 사랑하지 않는다는 것을 이미 그의 행동으로 확인하지 않았던가. 이번에야말로 이 몹쓸 나무를 남김없이 베어 버리리라 나는 작정했다.

나는 문득 도끼를 들고 커다란 나무를 베어 버린 아저씨의 마음이 궁금했다. 겨울이 지나 봄이 왔지만 아저씨는 봄이 오는 것을 알아차리지 못했다. 아침에 새소리가 들리지 않자 매일 늦잠을 잤고, 차를 마시러 나왔지만 나무 그늘이 없어 아저씨는 우산을 쓴 채 차를 마셔야 했다. 빨래를 말리려 해도 빨랫줄을 묶을 나뭇가지가 없고, 낮잠을 청하기 위해 그물침대를 매달고 싶어도 나무가 없으니 불가능했다. 심지어 가을이 와도 더는 빨간 열매를 얻을 수 없고, 빗자루는 있지만 고구마를 태울 마른 잎이 없어 아저씨는 그저 그루터기를 보며 하늘을 쳐다보아야만 했다.

다시 겨울이 왔다. 눈이 모든 것을 덮은 어느 날, 커다란 나무가 없으니 우체부는 집을 찾을 수 없었다. 눈이 녹기 시작하자 아저씨는 그루터기를 한참 바라보며 한숨을 내쉬었다. 그리고 그루터기를 어루만지며 아저씨는 하염없이 울기 시작했다. 베어 버릴 때는 언제고, 왜 우는가. 그동안 나무의 소중함을 정녕 몰랐단 말인가.

그는 이번에도 내가 참여한 상담 프로그램에 관심을 보였다. 마지막 선물이라 생각했다. 그 역시 나와 같은 결론에 이를 것이고, 어찌 되었든 서로 힘이 생기면 헤어짐도 덜 아플 테니까. 그런데 이게 무슨 일인가. 그에게 정식으로 이별을 고한 날, 그는 이제야 결혼할 용기가 생겼다며 내 앞에 무릎을 꿇고 처음 눈물을 보였다. 삶, 참 얄궂다.

스물일곱, 겨울

우린 그해 겨울 결혼을 했다. 9년의 긴 연애는 그렇게 끝이 났다. 그리고 그다음 해 요가를 배우기 위해 우린 함께 인도로 여행을 떠났다. 비루했던 젊은 시절 우린 서로에게 커다란 한 그루의 나무였다. 그를 통해 세상을 알았고, 사랑도 배웠다. 하지만 그때 우린 모든 것이 미숙했다. 그래서 그토록 많은 만남과 헤어짐이 반복되었으리라. 내 사랑은 결코 쉽거나 달콤하지 않았다. 삶과 죽음 그리고 다시 삶으로 연결되는 고통과 불안의 시간이 '사랑'이란 이름 뒤 반드시 존재했으니까.

이제 어엿한 결혼 14년 차가 되었다. 하지만 지금도 가끔 이 나무를 베어버릴까, 말까 고민한다. 더 자유로워지고 싶고 더는 고통받고 싶지 않다는 마음에 이 나무를 확! 베어버리는 게 더 현명한 게 아닌지 고심한다. 그러나 아직도 난 이 나무를 베지 못한다. 오랜 추억이 소중하기도 하거니와 아직 이르지 못한 배움을 여기서 멈추고 싶진 않다고 할까. 그래서 오늘도 난 '두고 보자!'라는 말만 되풀이하며 때때로 불행하고 또 때때로 행복하게 살아가고 있다.

아! 그리고 그루터기를 어루만지며 엉엉 울던 그림책 속 아저씨는 다행히 그루터기 아래에서 새롭게 자라나고 있는 작은 새싹(어린 줄기)을 발견하고, 정성껏 물을 주어 다시 한 그루의 커다란 나무를 만날 수 있었다.

사노 요코(1938~2010)

'나는 깨달았다. 사람을 사귀는 것보다 자기 자신과 사이좋게 지내는 것이 더 어렵다는 사실을.' - <사는 게 뭐라고> 중에서 -

1938년 베이징에서 태어났습니다. 일본 무사시노 미술대학 디자인과를 졸업하고, 독일 베를린 조형대학에서 석판화를 공부했죠. 1971년 『염소의 이사』를 펴내며 그림책 작가로 데뷔했고, 2003년에는 학문 및 예술에 공을 세운 이에게 일본 정부가 수여하는 상인 시주호쇼(紫綬褒章: 학문 예술 분야에 공적이 큰 사람에게 수여하는 보랏빛 리본의 기장)를 받았습니다. 하지만 2010년 72세에 암으로 세상을 떠났습니다.
그녀의 책 『사는 게 뭐라고』를 옮긴 이지수 씨는 책 말미에 그녀를 이렇게 소개하고 있습니다. "섣달그믐에 쓸쓸해 보이기 싫어서 비디오도 못 빌리는 사람, 편집자에게 독설을 퍼붓고 금방 자책하는 사람, 일하는 건 딱 질색이라면서 영원히 읽힐 아름다운 그림책을 만들어낸 사람, 암수술 직후에도 매일 담배를 피웠던 사람, 시한부 선고를 받고 돌아오는 길에 재규어를 산 사람, 어린 시절부터 형제들의 죽음을 지켜 본 사람, 그래서인지 자신의 죽음에도 초연했던 사람, 그럼에도 어려서 죽은 남동생을 떠올리면 언제라도 눈물을 흘리는 사람."
이보다 더 그녀를 잘 표현할 수 있는 말이 있을까요. 그래서 오늘도 그녀가 남긴 그림책과 에세이가 고맙기만 합니다.

이 책은 꼭 읽어보자.

그림책 : 『100만 번 산 고양이』, 『하늘을 나는 사자』 , 『나는 고양이라고』, 『세상에 태어난 아이』
산문: 『사는 게 뭐라고』, 『나의 엄마 시즈코상』, 『자식이 뭐라고』

5.
거리두기

『엄마, 난 도망갈 거야』
마거릿 와이즈 브라운 글 / 클레먼트 허드 그림

까칠한 내게도 마냥 좋은 사람은 있는 법. 매사 긍정적이고, 투명하게 자기표현을 하는 K언니가 내겐 그런 사람이다. 그녀와 대화를 나누고 있으면, 신기하게도 모든 고민의 무게와 색이 한없이 가볍고 옅게 느껴졌다. 힘들고 고단한 일상도 '뭐 아직은 살만 하다' 싶은 희망이 생기는 것이다. 그런데 오늘, 그녀의 눈물을 보았다. 자신을 닮아서 더 측은했던 첫째 딸에 대한 걱정이었다. 그녀는 지금까지 성공을 경험해본 적이 없는 딸의 인생이 늘 마음에 걸렸다고 한다. 그래서 이제라도 딸에게 작은 성공의 기회를 맛보게 해주고 싶어 친인척에게 3천만 원을 빌려 놓은 것이다. 이 돈은 딸에게 주는 첫 사업 자금이었다. 누군가에겐 가볍지만 누군가에겐 적지 않은 무게감을 지닌 액수였다.

그녀의 형편을 누구보다 잘 알고 있던 지인과 난 선뜻 그녀의 선택에 힘을 실어줄 수 없었다. 3천만 원이란 돈은 결국, 그녀의 쉼 없는 노동으로 다시 채워야 할 또 다른 빚이라는 걸 잘 알고 있었으니까. 그러나 그녀의 생각은 이미 굳건해 보였다. 다소 빚을 지더라도 자식의 성공을 돕고 싶은 마음을 어찌 모르겠는가. 그녀는 말했다. 지금까지 누구보다 열심히 살아왔는데 어찌된 일인지 가벼워지리라 기대했던 미래가 더 무겁게 다가오고 있다고.

한 통의 전화가 걸려왔다.

"자기야. 내가 좀 힘들어서 그러는데 이야기 좀 나눌 수 있을까? 물어볼 것도 있고."

"지금요?"

"예, 그럼 올라오세요."

전화가 걸려온 시간은 오후 8시, 평소라면 내일 얼굴을 보자 했으리라. 하지만 전화기 너머로 전해진 미세한 떨림을 모른 체할 수 없었다. J언니는 같은 동 아파트에 사는 이웃이자 종종 내게 밑반찬과 빵을 선물해주는 정 많은 동네 언니다. 우리 집에 올라와 그녀가 전한 이야기는 이렇다. 올해 고3 큰아들이 지방대학에 합격하면서 앞으로 아들과 떨어져 지낼 생각을 하니 도통 잠도 오지 않고 불안해, 어제는 이명증까지 나타났다는 것이다. 그래서 오늘 신경정신과를 찾아 약을 먹었는데 저녁이 되자 다시 불안해졌다고. 불안의 이유를 하나로 단정지을 수는 없겠지만 18년 동안 품고 지낸 큰아들을 이제 멀리 떠나보내야 하는 마음 역시 가벼울 수는 없으리라.

엄마의 작은 집

여기 신비로운 그림책 한 권이 있다. 『엄마, 난 도망갈 거야』란 그림책이다. 어떤 이들은 이 책을 읽으며 흐뭇한 미소를 보내겠지만 또 어떤 이들은 조금 놀랄지도 모르겠다.

도망가고 싶어 하는 아기 토끼가 있었어요.

"엄마, 난 도망갈 거야."

아기 토끼가 엄마 토끼에게 말했어요.

"네가 도망가면, 난 쫓아갈 거야. 넌 나의 귀여운 아기니까."

"엄마가 따라오면, 난 시냇물로 가서 물고기가 될 거야.
그리고 헤엄쳐서 도망갈 거야."

"네가 시냇물로 가서 물고기가 되면, 난 낚시꾼이 될 거야.
그리고 널 잡을 거야."

빨간 눈을 가진 엄마 토끼는 엄마 품에서 달아나려는 아기 토끼를 매번 찾아낼 거라 말하고 있다. 바다로, 산으로, 들로 엄마에게서 도망치려는 아이를 찾기 위해 엄마는 낚시꾼이 되기도 하고, 등산가가 되기도 했으며, 때론 나무의 모습으로 아이의 곁을 쉼없이 지켰다. 그래서일까. 계속 도망치고 싶어 하던 아이는 결국, 더이상 도망치기를 멈추고 따스한 엄마 품에 머무는 것을 선택하기로 한다.

"엄마가 줄타기 곡예사가 되어 사뿐사뿐 걸어오면,
난 작은 아기가 되어 집으로 뛰어갈 거야."

"네가 작은 아이가 되어 집으로 뛰어가면,
난 엄마가 되어 두 팔을 벌려 널 꼭 껴안을 거야."

"치, 난 그냥 이대로 있는 게 낫겠어.
엄마네 작은 아기로 그냥 남아 있을래."

이 그림책은 분명 유아기 아동과 엄마가 함께 읽기에 충분히 사랑스럽고 친밀한 내용을 담고 있다. 엄마라는 존재는 언제 어디서든 아이를 지켜주는 든든한 보호자이자, 유아기 아동에겐 마땅히 정서적 안정감과 부모에 대한 애착이 필요하기 때문이다. 그럼에도 내겐 이 그림책이 다소 불편했다. 아마 수시로 나와 내 친구들에게 전화를 걸어 내 위치를 확인하고 집 앞 횡단보도, 학교 교문 앞 어딘가에서 몰래 나를 지켜보던 엄마의 모습이 떠올랐기 때문일 것이다. 엄마의 오랜 집착이 아무리 사랑이었다 해도 젊은 날 나는 그 사랑을 피해 되도록 멀리 도망치고만 싶었다. 그런데 아쉽게도 내 저항의 세기만큼이나 짙고 깊게, 난 이미 그 사랑에 중독된 듯하다.

"엄마가 나무가 되면, 난 작은 돛단배가 되어 멀리멀리 흘러갈 거야."

"네가 작은 돛단배가 되어 멀리멀리 흘러가면, 난 바람이 될 거야. 그래서 엄마가 밀고 싶은 대로 널 밀 거야."

아이를 낳고 알게 되었다. 지금까지 내가 맺어온 관계들이 얼마나 엉성한 것이었는지. 맹세컨대 어떤 대상을 이리도 맹목적으로 그리고 일방적으로 좋아해 보지 못했다. 생애 처음 느끼는 차원이 다른 사랑이었고, 그래서 그만큼 뜨거울 수 있었다. 하지만 그 이유로 이 관계는 언제든 위험해질 수 있었다. 사랑하는 동시에 함께하려는 끝없는 욕망과 그 속에 나타나는 권력 관계를 제어하기란 그 누구도 쉽지 않을 테니까.

세상이란 넓은 집

클라리사 에스테스의 『늑대와 함께 달리는 여인들』에 이런 구절이 있다. '죽어가는 것은 죽도록 놔두어야 한다. 너무나 친절한 엄마가 죽어야만 새로운 여성이 태어나는 것이다.' 과격한 표현이지만, 실제로 우리가 아는 동화 속 주인공의 '착한 엄마'들은 늘 일찍 죽음을 맞이한다. 우리에게 이미 친숙한 콩쥐팥쥐, 신데렐라,

백설 공주를 떠올려 보라. 그들의 엄마가 죽고 나면 어김없이 그 빈자리에는 계모가 등장한다. 착한 엄마와는 정반대로 행동하는 계모는 매번 주인공을 시험에 들게 하고, 매몰차게 집밖으로 내모는 역할을 담당하고 있다. 온실 속 화초처럼 여리고 순수한 주인공을 낯선 세계로 등 떠미는 것이다. 그런데 아이러니하게도 주인공의 모험은 그 순간 시작된다.

불안하겠지만 너무 걱정은 하지 말자. 신화나 동화 속 이야기들을 잘 살펴보면 도움의 손길이 필요한 순간 어김없이 주인공을 돕는 이들이 등장하니까. 그리고 문제는 언제나 주인공과 타인과의 관계에서 해결된다. 이때 주인공을 돕는 이가 부모는 아니다. 부모는 대부분 초반에 등장해 사라지거나, 집에 머물며 주인공을 기다리는 역할에 머물고 있다. 그것은 마치 부모의 역할이란 아이와 함께 여행을 떠나는 동반자가 아니라 묵묵히 자신의 자리를 지켜주는 존재라고 말하는 듯하다. 정신만 바짝 차린다면 주인공은 여행을 통해 등불과 칼을 쥔 왕(여왕)의 모습으로 다시 집으로 돌아오리라.

물론 '착한 엄마'의 헌신적인 사랑과 믿음이 그 힘과 지혜의 근본이 되었을 게 분명하다. 하지만 '계모'가 없었다면 아이는 자신의 힘을 스스로 증명해 낼 기회를 만날 수 있었을까. 그래서 동화 속 '착한 엄마'와 '계모'는 어쩌면 다른 두 여인이 아닌 한 사람(엄마) 안에 필요한 '두 가지의 얼굴'을 가리키고 있는 것인지도 모르겠다. 그러므로 역설적이지만 '너무나 친절한 엄마'는 반쪽짜리 엄마다. 아낌없는 사랑을 주지만 그림책 속 엄마 토끼처럼 아이를 홀로 놔줄 수 없다면, 아이는 결코 스스로 집밖을 나설 이유가 없는 것이다. 아이 스스로 세상과 관계 맺기 시작하는 첫 기회는 그래서 더이상 머리를 쓰다듬어 줄 엄마가 없다는 것을 아는 바로 그 순간이리라.

두 언니의 모습은 나의 현재이자, 미래였다. 그 두 사람을 보며 홀로 깊은 짝사랑에 빠져 적당한 거리 두기에 실패한 자의 아픔을 느낀 나는, 아직은 무엇이 정답인지 알 수 없지만 스스로에게 속삭인다. 그만하면 되었다고. 그러니 이제 천천히 한 발 뒤로 물러서라고. 그리고 어느 날 아이가 나를 '계모'라 여기며 서운한 눈짓을 보내도 살짝 모질게 굴어야겠다고 마음먹는다. 나의 역할은 아이를 세상에 용기 있게 내보내는 것일 테니까.

마거릿 와이즈 브라운(1910~1952)

1910년 미국 뉴욕에서 태어났습니다. 어린이의 눈과 마음에서 쓴 글로 1940년대에 미국 아동 문학의 새로운 장을 열었습니다. 동물을 좋아하고 글의 라임(rhyme)을 즐긴 마거릿 와이즈 브라운은 1952년 생을 마칠 때까지 백여 편의 글과 책을 썼으며, 그녀의 작품은 지금껏 세계의 어린이들에게 사랑받고 있습니다. 특히 『잘 자요, 달님』은 70년 동안 베스트셀러입니다.

이 책은 꼭 읽어보자.

『잘 자요, 달님』, 『내 세상』, 『작은 기차』

6.

내가 어때서

『나 하나로는 부족해』

피터 H. 레이놀즈 글 · 그림

결혼 후, 서울 생활을 정리하고 남편과 함께 호기롭게 떠난 인도. 그것은 내게 절반의 실패이자 성공이었다. 가장 큰 실패는 요가 대학을 중간에 그만둔 것(적응 실패)이고, 성공이라면 계획에 없던 긴 인도 여행을 시작한 것이었다. 지금도 생각한다. '그 시절이 없었다면 우리가 지금처럼 지상에 발을 붙이고 사는 게 가능했을까?' 라고. 요가에 대한 꿈이 사라진 후 그제야 우린 서른에 마땅히 치러야 할 인생의 과업을 더는 무시하거나 가볍게 여기지 않을 수 있었다. 남편은 새로운 직장을 구하기 위해 뒤늦은 공부를 시작했고, 나는 지인이 운영하는 요가 학원에 다니며 임신을 했다. 그리고 이듬해 출산과 함께 남편의 회사가 있는 작은 지방 도시로 이사를 오게 되었다.

부족한 하루, 그리고 나

낯선 도시, 낯선 사람들 속에서 신생아를 돌보며 낮과 밤이 뒤바뀐 채 살아가는 삶도 그리 녹록하진 않았다. 운전도 못해 두 발로 걸어 닿을 수 있는 휴식처라고는 읍내에 유일한 G마트와 도서관뿐이었다. 피곤에 찌든 얼굴로 수유복을 걸쳐 입고, 마트 도서코너에 준비된 파란색 목욕탕 의자에 앉아 책을 읽었다. 외로움과 답답한 일상을 풀어낼 방법은(내가 아는 한) 그것이 전부였으니까. 그 시절 내 관심사는 오직 '육아'였다. 무지한 아빠와 엄마가 이 낯선 곳에서 아이를 처음 키우다 보니 의지할 곳은 책밖에 없었다. 하지만 아무리 열심히 책을 읽어도 한 권의 책은 채 일주일을 가지 못하고 시들기 일쑤였다.

그 시절 육아서들은 저마다 최고의 육아법, 교육법, 심리학적 견해를 소개하고 있었다. 엄마가 가져야 할 말투와 태도를 가르치는 것부터, 아이를 학원에 보내지 않고 엄마가 영어, 수학, 독서 논술까지 직접 가르칠 수 있다는 책까지 즐비했다. 하지만 책을 읽으면 읽을수록, 이웃 엄마들의 조언을 들으면 들을수록 나는 끊임없이 부족하고 어떤 분야도 끝까지 해낼 수 없는 '단발성 교육'의 대가가 되어 있는 기분이었다. 그래서 이젠 교육 관련 도서를 읽으면 그냥 이 책을 쓴 저자에게 내 아이를 맡기고 싶다는 생각뿐이다.(때론 저자 역시 그것을 더 원하는 눈치다.) 그렇게 수많은 정보와 책 속에서 나는 오히려 서서히 지쳐가고 있었다.

그림책 속 레오도 정신없이 바쁘다. 해도 해도 할 일이 넘쳐 나는 레오의 일상. 계획표를 만들면 도움이 될까 하고 만들어 보지만, 계획표만 점점 길어질 뿐이다.

"나 하나로는 부족해. 할 일이 너무 많아. 내가 두 명이면 좋을 텐데."

바로 그때 누군가가 문을 두드린다. 신기하게도 문 앞에는 또 다른 레오가 서 있는 것이다. 둘은 열심히 일을 했다. 하지만 어찌된 일인지 할 일은 더 늘어만 간다. 그렇게 가짜 레오는 이제 9명으로 늘어났다.

아이가 어릴수록 나 하나로는 늘 부족한 하루였다. 건강한 세 끼 식사를 책임지고, 깨끗하고 편안한 집을 꾸미고, 아이의 발달 단계에 알맞은 교육을 진두지휘해야 하는 엄마. 거기에 세심히 아이를 지도해 줄 선생님을 찾고, 아이와 함께 놀 친구도 만들어 주어야 했다. 직장 생활을 하고 있거나 자신의 미래를 준비해야 하는 이들이라면 누군가의 도움 없이 홀로 아이를 키우는 일은 불가능해 보였다. 하지만 마치 9명의 레오가 일하듯, 내 주위의 엄마들은 주어진 역할을 충실히 이행하며 분주히 움직이고 있었다. 어느 신학자의 말처럼 '희생'은 본래 여성이 지닌 주요한 특질이라는 말을 부정할 수 없을 만큼 그녀들은 모두 최선을 다했다.

10명의 레오는 멈추지 않고 일을 했다. 그런데 어찌된 일인지 진짜 레오는 기운이 하나도 없었다. 레오는 낮잠을 자려고 살짝 그들에게서 빠져나왔다.

레오가 잠에서 깨어나자 다른 레오 아홉 명이 빤히 노려보면서 소리쳤어. "뭐하고 있는 거야?"

"꿈꾸고 있었어."

레오가 부드러운 목소리로 대답했어.

"꿈꾸는 건 계획에 없어!"

레오 아홉 명이 소리를 질렀지.

레오는 여전히 꿈에 젖어 생긋 웃었어. 그러자 다른 레오들이 하나하나 사라졌지.

충분한 하루, 그리고 나

아이가 클수록 아이의 학업에 대한 부담은 나도 피할 수 없었다. 무엇보다 '나보다는 더 나은 삶을 살게 해야지!'라는 생각이 내 중심을 차지하자, 육아는 점점 더 불안하고 초조해지기 시작했다. 나조차 가보지 않은 길을 단지 몇 권의 책과 누군가의 일시적 정보를 나침반 삼아 걷다 보니, 길을 걷는 내내 마음이 불편하고 불안했다. 그렇게 나는 줄곧 타인의 길 위에서 이리 기웃, 저리 기웃거리다 이내 내게 익숙한 길로 선회하길 반복하고 있었다.

언제, 어디서부터 시작된 욕심이었을까. 그리고 나보다 더 나은 삶은 대체 어떤 삶이지? 숨길 수도, 속일 수도 없는 일상이었다. '가족'이란 유명 강사, 옆집 엄마, 오늘 읽은 책의 저자처럼 짧은 만남 후 사라지는 관계가 아니니까. 일상은 마치 투명한 유리처럼 나 자신을 비추었고, 아이는 나의 말보다는 내 배경에 흐르는 정서(분위기)에 더 민감하게 반응하는 듯했다. 아이는 의식적이기보단 무의식적으로 내게 젖어드는 존재이니까. 그러니 아이에게는 더욱 진짜가 필요했다.

진짜란 '타인의 것'이 아닌 내게 온전히 체득된 내 오랜 삶의 방식과 태도다. 그러니 아이에게 무언가를 가르치고 싶다면 그것은 이미 내게 익숙한 것이어야 한다. 잠시 친절한 말투를 익히고 최고의 교육적 지식을 아이에게 인지시켰다고 그것이 아이에게 쉽게 전달되리라는 기대는 허망한 믿음이다.

레오는 생각했어.
"다 못 하더라도 최선을 다하면 어떨까?"
"그럼 나 하나로도 충분해.
그냥 나 혼자…… 꿈도 꾸면서 하면 되지."

그렇다고 늘 익숙한 길로만 가자는 것은 아니다. 매일 스스로를 변화시키는 노력은 언제나 옳다. 하지만 그보다 먼저 선행되어야 할 것들이 있다. 엄마가 자신의 인생을 사랑하는 것. 자신의 삶을 가치 있게 바라보는 것. 그것이 모든 교육의 시작이 아닐까. 조금 부족하고 미흡하더라도 자신의 삶을 스스로 믿어 주면서 내 안의 좋은 것들을 아이와 나눌 수만 있다면, 그렇게 남의 길 위에서 헤매고만 있지는 않을 것이다. 그리고 이미 우린 너무 잘 알고 있지 않은가. 아이에게 투사한 모든 꿈(이상)이 아이가 아닌 나의 꿈이라는 걸. 그러니 그 길은 아이의 손을 붙잡고 나설 길이 아니라 스스로 가볍게 걸으면 되는 길이었다. '그냥 나 혼자 꿈도 꾸면서 하면 되는 길' 말이다.

'내가 어때서' 그리 조바심을 내었을까. 나의 실패가, 그리고 나의 지금이 어때서. 내게 있는 가장 좋은 것을 주고, 내게 없는(내가 모르는) 것은 세상을 통해 아이 스스로 배우면 되는데, 그걸 몰라늘 걱정이 과했고 넘치는 욕심이 결국 더 큰 무지를 만들어 내고 말았다.

몇 해 전 동서가 아이를 출산했다. 동서는 아이에게 줄 분유의 양과 시간을 수첩에 꼼꼼하게 적고 있었다. 내심 요즘 엄마들은 우리 때보다 더 세심히 아이를 돌보는구나 싶었다. 하지만 한편, 그래서 아이를 키우는 일이 더 힘들겠구나 싶기도 했다. 오래 전 내 아이가 어릴 때 시부모님께선 내게 곧잘 이런 말씀을 하셨다.

'야! 그렇게 안 해도 괜찮아. 왜 이렇게 겁을 먹어!' 지나고 보니 인간에게 꼭 필요한 것들은 예나 지금이나 별반 다르지 않은 것 같다. 그렇다. 그저 난 겁을 먹고 있었고, 나를 믿어주지 못했을 뿐이다. 그렇다면 9명의 레오가 모두 사라진 자리, 이젠 정말 나 하나로도 충분하지 않을까.

피터 H.레이놀즈(1961~)

1961년 캐나다 토론토에서 태어난 작가는 현재 형과 함께 미국 매사추세츠에서 '더 블루 버니(The Blue Bunny)'라는 서점을 운영하고 있습니다. 그는 직접 아이들에게 그림을 가르치며 현장에서 느낀 경험을 바탕으로 『점』을 비롯해 다수의 그림책을 펴냈습니다.

이 책은 꼭 읽어보자.

『느끼는 대로』, 『나 하나로는 부족해』, 『언젠가 너도』, 『너를 보면』, 『너에게만 알려줄게』

7.
오늘 당신의 느낌은?

『눈물바다』
서현 글 · 그림

"너희들과 꼭 한번 가보고 싶은 곳이 있어."

"어디? 뭐하는 곳인데."

"카페야. 너희들이 보면 정말 좋아할 만한 곳이야. 예술가 부부가 만든 카페라 뭔가 좀 달라."

"그래?"

"성북동이야. 한성대입구역에서 2시에 만나자."

마음속에 끝도 없는 이야기를 품은 파란 심장을 가진 아이가 내 안에 살고 있었다. 칼날 같이 매서운 눈빛과 피보다 더 진한 빨간 입술을 가진 아이. 남들처럼 평범한 인생의 무늬를 지니고 살지만 때론 그 누구와도 절대 섞이고 싶지 않은 모습의 또 다른 나. 현실과 이상 사이 그 경계를 자유로이 넘나들고 싶지만 알 수 없는 두려움과 게으름으로 가장 익숙하고 안전한 곳에 스스로를 꽁꽁 묶어두고 있었다. 삶이 이유 없이 건조하고 활기를 잃어가는 것은 아마 내 그림자가 너무 짙어진 까닭일 거다. 지금까지 스스로를 제대로 돌보지 않은 탓이라 해두자. 그렇게 타는 목마름과 지친 발걸음으로 어느 날 카페를 찾았다.

성북동 하면 쉽게 떠오르는 이미지가 있다. '저택, 사모님, 한적한, 재벌, 옛집.' 이 카페는 그 어디쯤 있을까. 작은 골목길 익숙한 모습의 빌라와 오래된 옛집들을 지나 저택들이 즐비한 큰길과 마주했다. 도저히 범접할 수 없는 집들이었다. 조금 더 걷다 보니 저기 멋진 카페 하나가 보인다. 저기일까? 아니다. 어! 그런데 여기 작은 표지판 하나가 눈에 들어온다. 설마 이곳에 카페가 있다는 건 아니겠지.

하지만 표지판은 좁은 골목 가파른 고갯길을 가리키고 있었다. 허름한 작은 집들이 옹기종기 모여 있다. 마치 순간이동이라도 한

듯, 조금 전과는 전혀 다른 서울의 뒷골목과 마주선 것이다. 거대한 도시 뒤편에 자리잡은 낡고 초라한 집들 사이 어딘가에 카페가 있는 모양이다.

여기가 맞는 걸까? 조금 더 발걸음을 옮기니 벽면 가득 기묘한 모양의 무늬로 장식된 오래된 건물 하나가 보였다. 이제 찾았군. 작은 남색 대문으로 들어서니 바로 계단이 있었다. 이미 가파른 고갯길을 올라온 터라 숨이 턱까지 찼지만 몇 걸음 더 올라본다. 바닥에는 엉성하게 자갈이 깔려 있고, 작은 벽면 가득 재미난 그림이 그려져 있다. 어! 그런데 건물 안으로 들어갈 문이 보이지 않는다. 다시 자갈이 깔린 왼편 좁디좁은 길로 들어서니 그제야 비닐 천막이 펼쳐진 공간에 하늘색 작은 문이 보였다.

정확히 한 달 전, 아는 지인의 소개로 이곳을 찾았었다. 카페 주인장이 예술가라 그런지 카페의 인테리어가 여느 카페와는 사뭇 달랐다. 오랜 시간 마음속 깊이깊이 비밀스레 간직한 색과 상징들이 이곳에 모두 펼쳐진 듯 반가움과 놀라움, 낯섦과 행복감이 묘하게 교차했다. 한때는 화려한 꽃이었을 터이나 이제는 시간에 빛바랜 조화들이 벽면을 가득 채우고, 추호도 낙서를 생각할 수 없었던 귀한 피아노에는 형형색색의 페인트가 무질서하게 칠해져 있었다. 한 번쯤 입어보고 싶던 빨간, 아주 빨간 드레스는 화장실에 몽환적인 모습으로 걸려 있었고, 주인장이 써놓았을 문구들은 더없이 힘이 넘쳤다. 그렇게 공간이 주는 힘에 이끌려 지인과 나는 끝없는 대화를 나눌 수 있었다. 돌아오는 길에 나는 오랜 친구들을 떠올렸고, 그들과 함께 꼭 다시 이곳을 찾으리라 생각했다.

"야, 혼자서는 못 찾아오겠다. 걔는 여길 어떻게 알고 온 거니?"

"야! 너니까 온다. 이런 곳은."

"여기야. 들어와."

"어무나 여기니? 와, 여기 진짜 신기하다."

친구들 역시 카페의 묘한 분위기에 흥분해 있었다. 이 카페의 이름은 '느낌가게 문득 창고 문을 열다'다. 느낌가게는 음료를 주문하면서 느낌을 표현해 놓은 여러 상자 중 오늘 자신의 느낌과 가장 흡사한 상자 하나를 고르는 것으로 시작했다. 상자마다 느낌들이 적혀져 있었다. 그리고 그 상자 안에는 몇 가지 질문들과, 이미 그 질문에 답을 해 놓은 여러 사람의 쪽지도 가지런히 놓여 있었다.

'오늘의 느낌?'이라. 살짝 당혹스럽지만 반가운 질문이 아닌가.

주인장은 친구들에게 오늘의 느낌이 어떤지 느낌 상자를 골라보라고 권했다. 그런데 질문을 받은 첫 친구가 상자를 고르려다 말고는 그만 눈물을 쏟는 게 아닌가. 친구가 울먹이자 어이없게도 함께 서 있던 우리 셋이 모두 눈물을 흘리고 말았다. 친구는 자신이 눈물을 흘리는 이유에 대해 애써 설명하려 했지만 더는 말을 잇지 못했다.

시험을 봤다. 아는 게 하나도 없다.

"억울해요! 짝꿍이 먼저 약 올렸다고요!"

공룡 두 마리가 싸운다.

저녁밥을 남겨서 여자 공룡에게 혼이 났다.

눈물이 난다.

자꾸만……

자꾸만……

서현 작가의 작품 『눈물바다』다. 글만 읽으면 도대체 무슨 이야기인지 제대로 알 수가 없다. 그래서 글을 읽듯, 그림을 읽는다. 그래야 그림책은 완전해진다.

모든 그림책 작가는 글과 그림 이 두 가지 매체의 조합으로 또 다른 완성된 하나의 이야기를 우리에게 선사하고 있으니 놓치지 말자. 그림책 속 아이가 눈물을 흘리고 있다. 훌쩍, 훌쩍, 훌쩍.

그리고 눈물은 바다가 되었다. 제목처럼 눈 물 바 다.

아이도, 어른도 울고 싶은 날이 있기 마련이다. 그 이유가 무엇이건 눈물이 바다를 이룰 때쯤…… 언제나 마음이 시원해지는 것이다.

시원하다, 후아!

시간이 조금 흘러 우리는 눈물을 닦고 각자 자리에 앉았다. 친구는 자신이 왜 울었는지에 대해 이야기하기 시작했다.

"아무도 나에게 내 기분이 어떤지 물어 주질 않잖아.

사실 내 기분을 궁금해하는 이도 없고.

남편도 있고 아이도 있지만 하루하루 살기가 바쁘니까.

내 느낌에 대해 이야기하는 건 너무 오랜만인 것 같아.

그런데 이곳에서 내 느낌을 물으니까

나도 모르게 그냥 막 눈물이 나는 거야."

단지 느낌을 물었을 뿐인데 친구는 그 순간 고인 눈물이 터져버렸다. 그리고 우리도 모두 함께 터졌다. 틈이 없는 삶 속에 누군가 새로운 공기를 불어넣는다. 잘 지내고 있느냐고. 진짜 괜찮은 거냐고. 그래서 오늘 너의 느낌은 어떠냐고.

『상실의 수업』의 저자 엘리자베스 퀴블러는 "30분 동안 울어야 할 울음을 20분 만에 그치지 마라."고 말한다.

단지 눈물을 통해 우린 스스로의 아픔을 충분히 애도할 수 있다. 그러니 성급하게 울음을 닦으며 괜찮은 척, 문제없는 척하지 말라는 것이다. 다 쏟아내고 씻겨 내려가게 하면 저절로 그림책 속 아이처럼 시원함을 맛볼 수 있는데 우리는 그럴 여유도 없이 살았던 모양이다.

일상을 살면서도 자꾸 카페 생각이 났다. 그곳을 생각하면 힘이 난다. 쉽게 지워버렸던 내 조각난 감정들도 그곳에서만큼은 온전히 이해받을 수 있으리라는 막연한 기대감까지 생긴다. 그저 오랜 시간 그곳이 지금의 모습으로 있어주길 바라는 마음이다.

서현(1982~)

홍익대학교 회화과를 졸업했고, 한국 일러스트레이션 학교(Hills)에서 일러스트레이션을 공부했습니다. 어릴 적부터 만화를 좋아해서 만화적 상상이 담긴 다양한 표현을 시도하고 있으며, 모든 사람들이 재미있게 볼 수 있는 유머러스한 그림책을 만들고 있습니다.

그린 책으로 『이상한 열쇠고리』, 『똥 과학 박물관』, 『달을 마셨어요』, 『100원이 작다고?』 등이 있고, 저서로는 『눈물바다』, 『슝 달리는 전자 흐르는 전기』 등이 있습니다.

8.
아버지

『우리 가족입니다』
이혜란 지음

새해, 아버지에게 전화를 걸어야 하나 한참을 망설였다. 그래도 수화기를 다시 든다. 벨이 울리자 새어머니의 밝은 목소리가 수화기 너머로 곧 들려왔다. 잠시 어색한 새해 인사가 오갔고, 새어머니 대신 아버지와 통화를 계속 이어갔다. 아버지는 평소에도 귀가 잘 들리지 않으셨다. 그때마다 보청기를 권했지만 불편함을 이유로 마다하셨다. 그에 따라 아버지와의 대화는 자연스레 불가능해졌다. 그런데 오늘은 좀 다르다. 마치 지금까지 귀가 잘 들리지 않는다는 말이 모두 거짓말인 것처럼 아버지는 내 질문에 막힘없이 답하셨고, 내게 이런저런 이야기를 먼저 물어오기까지 하셨다. '이게 정말 가능한 일인가?' 심지어 아버지는 내게 간곡히 집에 놀러 좀 오라며 두세 번 같은 말씀을 반복하셨다. 처음이었다. 그 말에 선뜻 동요된 것도, 그 말이 진심으로 느껴진 것도. 난 나도 모르게 "2시간 뒤에 찾아뵐게요."라며 다소 들뜬 마음으로 수화기를 내려놓았다. 계획에 없던 일이었지만 나 역시 아버지가 그리웠기에, 그동안의 얽힌 감정들을 뒤로 한 채 가족과 함께 집을 나섰다.

6개월 전 새어머니에게서 전화 한 통이 걸려 왔었다.

"오늘 아버지 생신인데 너는 안 오니? 오늘 오지 않으면 너에겐 아무것도 없다."

새어머니의 목소리는 평소와는 다르게 날카롭고, 퉁명스러웠다. 사실 그분에게 어머니라는 호칭을 써 본 적은 없었다. 그저 아버지를 도와 함께 사시는 분 정도로만 생각했으니까. 엄마는 오직 한 분뿐이라는 옹졸한 생각을 아직도 놓지 못한 것이다. 아버지는 올해 89세가 되셨다. 그런데 기억도 온전치 못하고 귀가 잘 들리지 않아 대화도 불가능한 아버지가 작년, 자신의 명의로 된 유일한 집을 처분하셨다는 소식이 들려왔다. 새어머니가 직접 처리하신 일이었다. 애석하게도 자식들과 한마디 상의도 없었다. 그리고 이 소식을 전해 들은 이복 오빠들은 아버지와의 연락을 모두 끊었다. 나중에 들은 이야기지만 전화가 걸려온 그 날, 새어머니는 유산의 의미로 봉투에 200만 원씩을 준비해 두셨다고 한다. 하지만 그 돈을 받으려는 자식들은 아무도 없었다.

기억을 거슬러 시끄러운 집안이 일순간 조용해진 때를 떠올려 본다. 당시 나는 중학교 1학년이었다. 노상 이 집구석을 당장 나가 버리겠다고 엄포를 놓던 아버지가 결국 할아버지의 장례식을 치른 그해 할머니와 함께 정말 집을 나가셨다. 어린 내 눈에도 아버지와 어머니는 결코 잘 맞는 상대가 아니었다. 그랬기에 아버지의 결정은 적어도 내겐 이해(?)되는 선택으로 비춰졌다. 이혼보다 잦은 다툼을 지켜봐야 하는 시간이 내겐 더 끔찍했으니까. 그 후 아버지와 난 1년에 한 번, 아니면 몇 년에 한 번 얼굴을 보는 사이가 되었다. 그리 뜨겁지도, 차갑지도 않은 미적지근한 온도를 유지하며 아버지와 나는 지금에 이르렀다.

오랜만에 찾은 아버지의 집은 깔끔했다. 냉장고에는 아버지가 좋아하는 박카스가 수십 병 채워져 있었고, 아버지가 요즘 북엇국을 좋아하신다며 북어를 찢고 계시는 두 분의 일상은 나의 우려와는 다르게 평온해 보였다. 안심이다. 새어머니도 오빠들과 다툼이 상처가 되었는지 내게 그날의 이야기를 이러저러하게 풀어놓으셨다. 나 역시 여러 가지로 이해되지 않은 부분이 많았지만 뭐, 굳이 나까지 더 보탤 말은 없었다. 쏟아지는 새어머니의 이야기 속에서 살며시 아버지의 얼굴을 살피었다. '아빠, 정말 잘 지내고 계신 거죠?' 묻고 싶었지만 기회는 오지 않았다. 아버지와 대화가 가능할 거라는 기대로 달려왔건만 아버지는 예전처럼 아무것도 들리지 않는다며 우두커니 벽에 기대어 담배를 태우셨다. 그렇게 우리의 대화는 시작도 못한 채 끝이 났다.

지금까지 나는 아버지를 이해한다고 생각했다.(물론 용서는 또 다른 문제다.) 아버지의 폭력, 가출, 이혼 모두 그럴 수밖에 없는 이유가 있었을 것이라고. 아버지는 그래도 착한 분이시라고. 하지만 그건 너무 섣부른 결론이었다. 가해자의 일관된 폭력에 길든 피해자가 자신이 처한 상황을 스스로 정당화하고자 포장한 것에 불과했다. 그 '이해'라는 것 역시 사실은 조금 덜 아프고 비참해지고 싶던 나 스스로에 대한 위로였을 테고. 지금까지 나는 아버지에게 단 한 번도 화를 내거나 반항을 하지 못했다. 어린 시절 학습된 아버지의 권위는 성인이 되어서도 쉽게 사라지지 않았다. 그 대신 마음속 깊이 차갑게 아주 오랜 시간 아버지를 부정했었다. 연락하지 않는 것, 정을 주지 않는 것, 책임지지 않는 것으로 나는 아버지를 벌하고 있던 것이다.

서점의 구석진 자리에서 읽었던 그림책 『우리 가족입니다』는 이혜란 씨의 자전적 이야기를 묘사한 것이다. 작가의 말처럼, 작은 중국집에 딸린 살림방에서 사남매가 정신이 온전치 못한 할머니와 함께 지낸 이야기를 생생하고 가슴 짠하게 그려내고 있다. 저자의 아버지는 어린 시절 엄마 없이 힘겨운 시간을 보냈다고 한다. 하지만 자신을 버린 어머니가 늙고 병들어 돌아왔을 때 온전히 받아들였고, 어려운 살림에도 '가족'이란 이름으로 함께 부둥켜 살아갔다. 이 그림책은 그런 이야기를 담고 있다.

할머니랑 같이 먹기 싫어!

할머니! 오줌도 제대로 못 눠?

할머니랑 같이 자기 싫어.

엄마랑 잘래.

으악!

아빠, 또 구더기가 나왔어요.

아빠, 할머니 다시 가라고 하면 안돼요?

안 돼.

왜요? 아빠 어릴 때도 따로 살았다면서요.

그래도 안 돼 ……

엄마니까.

할머니는 아빠 엄마거든.

그림책 속의 아버지가 자신의 어머니를 모시는 모습. 나는 단 한 번도 그려본 적 없는 그림이다. 아버지에 대해서는 어떤 책임도, 의무도 지지 않으리라 다짐했던 나이니까. 무책임하게 집을 나감으로써 아버지가 자신의 역할을 일찌감치 포기했으니 나 역시 자식으로서의 책임은 없는 것이라 여겼다. 더군다나 나에겐 아버지를 모시는 것이 현실 가능한 일도 아니었다.(이복 오빠들이 세 명이나 있으니까.) 하지만 이제까지 아버지를 지켜주던 금전적 여유로움이 모두 사라진 지금. 아버지에 대한 책임은 이제 새어머니가 아니라 자식들에게 돌아올지도 모르는 일이 되었다. 그러고 보니, 더 이상 새어머니가 아버지 곁에 계실 이유가 있긴 한 걸까, 싶기도 하다. 물론 어느 자식도 앞으로의 상황을 순순히 인정하고 받아들이긴 쉽지 않을 것이다. 저마다의 상처가 깊기도 하고, 그동안 아버지는 가족의 울타리를 지키기보다 자기 자신만을 위한 인생을 살아오셨으니까.

하지만 불편한 몸을 이끌고 애써 멀리까지 배웅을 나오시는 아버지의 마음을 도대체 어떻게 이해해야 할지. 그때까지도 나는 알지 못했다. 그저 알 수 없는 그리움과 애처로운 마음이 뒤엉켜 아버지를 뒤로하고 집으로 돌아오는 길은 어김없이 눈물이 흘렀다. 아, 하고 싶은 말이 너무도 많은데 아무 말도 할 수 없다니. 그날, 아버지를 뒤로 하고 돌아오는 길에 처음 다짐이란 걸 해본 것 같다. 마땅히 책임질 일에는 책임을 지고, 감내해야 하는 일이라면 감내하리라고. 더이상 아이처럼 심술을 부리며 병든 아버지를 놓고 도망치진 않겠다고. 아버지는 '나의 아버지'니까. 어떤 얽힌 이야기를 가졌든 그 사실은 변하지 않을 테니까.

ps. 이 글을 쓴 지 1년 후, 아버지는 요양병원에서 쓸쓸하게 돌아가셨다. 그리고 4명의 자식 모두 아버지의 임종을 지키지 못했다. 나의 다짐은 거짓이 되어버렸고, 내 용기 없음은 또다시 오랜 시간 나를 괴롭힐 것만 같다.

이혜란

부모님은 부산에서 작은 중국음식점을 하셨습니다. 남의 손을 빌리지 않고 두 분의 힘으로 음식을 만들고 나르고 설거지하고 배달하느라 언제나 눈코 뜰 새 없이 바쁘셨지요. 가게에는 살림방도 딸려 있었습니다. 그곳에서 한창 말썽 부릴 나이의 사남매와 정신이 온전치 못한 할머니가 뒤엉켜 복작대며, 안 그래도 고단한 부모님께 날마다 새로운 일거리를 보태 드리곤 했지요.

그림책 공부를 시작하면서 문득 부모님 생각이 났습니다. 저희 아버지는 엄마의 사랑이라는 걸 모르고 자라셨어요. 어린 시절을 엄마 없이 힘겹게 보내셨지요. 아버지가 할머니를 다시 만난 건 어머니와 가정을 꾸리고 난 뒤였답니다. 그래도 아버지는 자신을 버린 할머니를 묵묵히 받아들이셨습니다. 억울해하지도 불평하지도 않으셨어요. 그저 한마디 "부몬데 우잘 끼고." 그뿐이었지요. 그리고 어머니는 아버지를, 아버지의 상처를 이해하셨습니다.

그런 두 분과 할머니를 지켜보며 자랐습니다. 꼬박 삼 년 동안 제 손을 떠나지 않던, 삼십 년 넘은 세월 동안 제 마음 한 가닥을 잡고 놓아주지 않던 이 이야기를 여러분 앞에 조심스럽게 꺼냅니다. 우리 가족입니다.

-『우리는 가족입니다』 작가의 말 중에서 -

3장

시작

1. 바람의 소리를 듣는 이들에게 · 『바구니 달』

2. 풍요로운 삶 · 『돈이 열리는 나무』

3. 곰을 만나다 · 『장바구니』

4. 행복의 새로운 공식 · 『우리 집은 너무 좁아』

5. 파란 심장을 가진 아이 · 『그 길에 세발이가 있었지』

6. 위로가 필요한 날 · 『빨간 나무』

7. 당신에게 건네는 사탕 하나 · 『나의 작은 인형 상자』

8. 지금 어디에 있습니까 · 『보물』

고래가 정말 보고 싶니?
그렇다면 바다에서 눈을 떼지 마.

– 〈고래가 보고 싶거든〉, 줄리 폴리아노

1.
바람의 소리를 듣는 이들에게

『바구니 달』
메리 린 레이 글 / 바바라 쿠니 그림

"밖으로부터 들어오는 것은 없다. 내 안에 없는 어떤 것도 내게 영향을 줄 수 없다. 모든 것은 내 안에서 비롯된다."

- 칼 구스타프 융

아버지는 둥근 보름달이 뜨는 날이면 허드슨(도시)에 갖다 팔 바구니를 들고 집을 나섰다. 아이는 자신도 따라가게 해 달라 만날 졸랐지만 그때마다 아버지는 "이담에 좀 더 크면"이란 말을 남기고 홀로 도시로 떠나셨다. 아이가 살고 있는 곳은 고산지대 가난한 마을이다. 곡식이나 채소, 과일 같은 걸 심을 수는 없었지만 다행히 바구니를 짜는 나무만큼은 가득했다. 그래서 아이는 어떤 나무가 바구니를 짜기 가장 좋은 나무인지, 바구니는 어떻게 짜야 하는지를 아버지에게 배웠고, 점차 나뭇잎만 보고서도 나무를 구별할 수 있는 눈을 갖게 되었다. 그리고 아이는 아버지와 조, 쿠엔 아저씨를 통해 '나무가 자신들에게 들려주었다는 이야기'를 듣기도 했다. 물론 아이도 나무의 소리를 듣고 싶었지만, 그러려면 때를 기다려야만 했다.

뜻밖의 선물

스물여섯, 집을 떠나 도착한 곳은 해남의 작은 절 '미황사'였다. 서울에서 가장 멀리 떨어진 위치가 주는 심리적 안정감, 아무것도 정해진 것이 없는 여행의 설렘이 유일한 위로가 되었다. 그런데 웃기지. 엄마 뱃속에서부터 교회를 다녔던 내가 생애 가장 절박한 순간 '절'을 찾게 되다니. 아마 당시 읽고 있던 몇 권의 불교 서적의 큰 울림이 없었다면 불가능한 선택이었을 것이다. 그렇게 작은 우연들은 새로운 세계로 진입할 수 있는 가능성을 열어 주었다.

그날 나는 칠흑 같은 어둠이 깔린 시간이 되어서야 절 초입에 도착할 수 있었다. 산에서 길을 잃을지도 모른다는 불안감으로 간신히 어둠 속에서 절 입구 계단을 찾아 빠른 속도로 계단을 뛰어올랐다. 그러자 계단 밑에서는 결코 상상할 수 없던, 웅장하고 고요한 절의 자태가 병풍처럼 눈앞에 펼쳐지는 게 아닌가. 심장이 멈출 만큼 압도적인 모습으로 말이다. 아마 그 순간이었으리라. 지독히 오랜 시간 나를 짓눌러온 낡고 침울했던 풍광이 일순간 바뀐 것은.

설레는 마음으로 대웅전 앞마당을 서성이고 있을 무렵, 어디에선가 인기척이 들려왔다. 동그란 얼굴에 귀여운 꼬마 '준호'. 아이는 마치 절의 전령사처럼 나를 자신이 머무는 곳으로 인도했고, 스스럼없이 자신의 이야기를 들려주었다. 얼마나 고맙고 감사하던지. 준호 덕분에 난 공양주 보살님(준호의 어머님)도 만나고 주지스님께 인사도 드릴 수 있었다.

참고로 이곳에 오기 전 난 한 통의 전화를 걸어 둔 게 전부였다. 당연히 스님에 대해서도 아는 것이 없었고, 예불을 드린 경험도 없었다. 그럼에도 스님께서는 따스한 녹차를 건네시며 세상에서 어떤 일을 했는지 짧게 물으시곤 "그럼 이제부터 공양주 보살님을 도우며 절에서 지내면 되겠네."라고 말씀해 주셨다. 그것이 전부였다. 더이상 내게 아무것도 묻지 않으셨다.

지금까지 세상에서 이런 호의를 받아본 적이 있던가. 일면식도 없는 낯선 이에게 선뜻 방을 내어주고 음식을 제공하며 아무런 확인 절차 없이 자신의 공간을 허락하다니. 이는 평생 경험해보지 못한 무조건적인 호의였다. 지금껏 내가 맺은 '관계'들은(그것이 부모든, 애인이든, 사회는 더 말할 것도 없고) 늘 응당한 조건과 대가가 선행되어야 했었다. 누구도 내 미천한 노동력만을 믿고 나를 신뢰해 주진 않았으니까. 여태껏 사랑받기 위해 실망시키지 않기 위해 늘 조바심 내며 배우고 노력해 스스로를 더 가혹하게 변화시켜야 한다고 여겼는데, 정작 오늘 같은 날 나를 품어주는 이는 낯선 이였다.

바람의 소리를 듣다

아홉 살이 되던 해 비로소 아이는 아버지를 따라 허드슨에 갈 수 있었다. 처음 바깥세상으로 나오게 된 아이는 허드슨의 화려한 상점들을 보며 들뜬 마음을 감추지 못했다. 그러나 그것도 잠시.

집으로 돌아오는 길, 아이는 누군가의 말소리를 듣게 된다.

"어이, 산골짝 촌뜨기들! 저 촌뜨기들은 바구니밖에 몰라."
나는 소리 나는 쪽을 쳐다봤어요. 그 아저씨가 웃음을 터트렸고, 주위에 있던 사람들도 웃고 있었어요. 하지만 아버지는 조금도 신경 안 쓰는 눈치였어요. 전에도 이런 일이 있었던 거예요.

그날부터 아이에겐 허드슨에 가는 것도 바구니를 만드는 일도 모두 화가 나는 일이 되어버렸다. 바구니를 만드는 일은 오히려 아이의 수치심을 자극했다. 어느 날, 아이는 몰래 창고에 들어가 높이 쌓여 있던 바구니 더미를 발로 걷어찼다. "산골짝 촌뜨기! 산골짝 촌뜨기!" 그런데 그때 조 아저씨가 창고로 조용히 들어와 바구니를 다시 쌓아 올리며 바람의 이야기를 들려주신 것이다.

"어떤 이들은 바람의 말을 배워서 음악으로 만들어 노래 부르지." 조 아저씨가 계속 말했어요. "그리고 또 어떤 이들은 바람의 말을 듣고 시를 쓴단다. 우린 바람의 말로 바구니 짜는 법을 배웠지."
그때 참나무 이파리 하나가 창고 안으로 날아들었어요.
"바람이 우릴 지켜보고 있었구나." 하면서 조 아저씨가 덧붙였어요.
"바람은 믿을 만한 존재가 누군지 알거든."

아이는 그 후, 허드슨에서 만난 사람들의 비웃음 따윈 까맣게 잊었다. 아이는 오직 바람이 선택한 존재가 되고 싶어 숲으로 가 열심히 귀를 기울였다. 손수 바구니를 짜며, 아이는 바람의 소리를 듣고자 애를 썼다. 하지만 그때까지도 바람의 소리는 들리지 않았다. 그런데 그날 밤.

바람이 부는 소리가 들렸어요.
"얘, 밖으로 나와 봐!"
난 바람이 이끄는 대로 따라갔어요.

위로 아래로, 한밤중의 짙은 나뭇가지 그림자를 쫓으면서 바람이 바구니를 짜는 곳으로 갔지요. 절반쯤 짜여진 희미한 달빛 속에서 모든 나뭇잎들이 내게 절하는 것처럼 보였어요.
……
난 알았습니다.
나무들이 키우는 것이 내가 만들게 될 바구니들이라는 것을요.
그래서 바람이 내 이름을 불렀던 거지요.

나의 첫 산사의 밤이 지나고 있었다. 짧게 머물 거란 예상과는 달리, 난 그곳에서 백일이란 시간을 머물렀다. 새벽에 일어나 예불을 드리고, 공양주 보살님을 도와 식사 준비를 하고, 틈틈이 쉬는 시간에는 책을 읽었다. 새로운 습관과 언어를 익히듯 난 미황사라는 건강한 자궁에서 새로운 관계와 삶을 다시 익히고 있었다. 그리고 그날도 여느 때와 다름없이 천천히 부도전 가는 길을 홀로 걸었다. 자주 걷는 길이었지만 그날은 유독 가을바람이 좋았다. 부도전에 도착해 작은 암자에 앉아 커다란 나무를 바라보는데, 웬일인지 눈물이 울컥 쏟아지기 시작했다. 마치 바람과 나무와 내 주위를 둘러싼 모든 자연이 내게 말을 건네는 듯했다. 바람결에 나뭇잎들이 춤을 추는 그 웅장한 소리에 나는 잠시 넋을 잃었다. 그림책『바구니 달』속 아이의 경험이 내게도 그대로 재현된 순간이라 할까. '바람의 소리'를 듣고 싶어 한 내 안의 염원은 그렇게 실현되었다.

마음의 소리를 찾다

누구에게나 인생에 한 번쯤, 아니 그 이상 섬광처럼 자신을 깨우는 소리를 만날 때가 있다. 그 체험이 어떤 종류의 것이든 어디에서 온 것이든, 분명한 것은 일단 '바람의 소리'를 들으면 평생 지워지지 않는 선명한 흔적 하나를 가슴에 품고 살게 된다는 것이다. 그리고 그 흔적은 자신을 지키는 단단한 버팀목이 되어 자신만의 길을 갈 힘을 준다. 이것은 마치 신화 속 영웅의 여정과도 참 많이 닮았다. 집을 떠나 시련을 만나고 새로운 세계에서 자신의 의식을 넓힌 후, 다시 집으로 돌아오는 인생의 긴 여정 말이다.

스물여섯. 비루한 삶을 살던 나에게도 선물처럼 '바람의 소리'를 듣는 순간이 있었다. 그리고 이제 마흔, 깨달음의 여정을 마치고 다시 세상으로 나아갈 시간이다. 가끔은 안전한 나만의 공간에 머물고만 싶지만, 그 옛날 산사를 향했던 것처럼 이제 나도 문밖을 나서려 한다. 그리고 오늘도 바람의 소리에 귀 기울인다. 내 소명이 나의 이름을 부르는 그 두 번째 순간을 위해. 바람은 알고 있으리라. 믿을 만한 존재가 누구인지.

메리 린 레이(1946~)

미국 루이지애나 주에서 태어났습니다. 지금은 미국 뉴햄프셔 주 사우스 던베리의 오래된 농장에서 살고 있습니다. 이곳은 밤하늘이 아주 깜깜해서 별들이 반짝반짝 빛나는 곳으로 유명합니다. 레이는 환경보호 운동가로 일하면서 어린이를 위한 그림책의 글을 쓰고 있습니다.

인류와 자연과의 관계에 초첨을 맞춘 그녀의 작품은 서정성과 감수성이 깊기로 유명해 독자들에게 좋은 평가를 받고 있습니다. 그중 하나인 『바구니 달』은 한때 미국 수공예를 연구하며 바구니의 역사에 관한 책을 편집하는 과정에서 창작한 이야기라고 합니다. 아직 국내에 소개되지 않은 그녀의 작품으로는 『셰이커 소년』, 『빨간 고무 장화 날』, 『알바와 아빌라』, 『크리스마스 농장 호박』 등이 있습니다.

이 책은 꼭 읽어보자.

『별을 노래해』

2.

풍요로운 삶

『돈이 열리는 나무』
사라 스튜어트 글 / 데이비드 스몰 그림

여기 무덤덤한 표정으로 나를 바라보는 한 여인이 있다. 세 마리의 강아지와 한 마리의 고양이 역시 우리 집을 왜 찾은 것이냐고 묻는 표정이다. 초대 받지 못한 집에 불쑥 쳐들어온 손님마냥 나는 슬그머니 고개를 낮추어 『돈이 열리는 나무』 그림책의 첫 페이지를 넘겼다. 그녀는 눈밭에서 땔감을 줍고 있다. 차디찬 겨울을 준비하려는 듯 말에 땔감을 한가득 싣고 집으로 돌아온다. 겨울에는 난로 앞에 앉아 바느질을 하고, 책을 읽는다. 봄에는 완두콩을 심고, 여름에는 과수원에서 버찌를 딴다. 가을에는 호박 등불을 만들며 할로윈 축제를 준비하는 그녀의 삶은 소박하고 평온해 보였다.

그러던 어느 날, 창밖의 낯선 나무 한 그루를 발견하게 된 그녀. 새가 준 선물이라 생각한 나무는 생김새도 이상했고, 놀랄 만큼 빠른 속도로 성장하고 있었다. 그런데 이 나무의 잎은 여느 나뭇잎과는 달랐다. 빳빳한 녹색 잎사귀, 바로 돈이다. 그녀는 녹색 잎사귀 몇 개를 따서 아이들에게 선물로 나누어 주었다. 그때부터 사람들이 몰려들기 시작했다. 처음에는 가지만 조금 가져가도 괜찮은지 묻던 사람들이 어느 날부턴가 커다란 사다리를 가져왔고, 낮과 밤을 가리지 않고 구름처럼 모여들었다. 하지만 그녀는 그 모든 일들을 그저 멀찍이 서서 지켜볼 뿐. 그녀는 그 잎사귀를 필요로 하지 않는 유일한 사람이었다.

"괜찮아, 어차피 가지를 쳐 주지 않으면 제 무게를 못 이겨 부러질 테니까."

가을이 되자 나뭇잎들은 노랗고 빨갛게 물들기 시작했다. 그제야 그녀는 안도의 한숨을 내쉬며 나무를 겨울 땔감으로 사용하고자 했다. 그녀에게 가장 중요한 건 빳빳한 녹색 잎사귀가 아니라 추운 겨울을 따뜻하게 날 수 있는 땔감이니까.

처음엔 '어떻게 저럴 수 있을까?' 하는 생각이 들었다. 너무도 초연한 그녀의 모습에 답답함과 분노마저 느껴졌다. 돈이 열리는 나무를 보고 저렇게 무심한 사람이 있을까. 왜 그녀는 불우한 이웃을 돕거나 자신의 꿈을 펼치거나 뭐든 해보려 하지 않았을까. 욕망 없는 그녀의 태도가 내겐 무기력해 보였고, 그림책이니까 가능한 이야기라고 애써 고개를 내저었다.

추운 겨울 우리 부부는 함양으로 귀촌한 P언니의 집을 찾았다. P언니와의 인연은 14년 전으로 거슬러 올라간다. 함께 인도 요가대학에서 공부를 했던 인연으로 우리는 지금까지도 계속 연락을 주고받고 있다. 나에겐 친언니처럼 든든하고, 힘이 되는 사람이다.

언니는 몇 년 전 함양에 작은 시골집을 마련하고, 사랑하는 사람과 함께 글을 쓰며 살고 있다. 글을 쓰고, 책을 만들고, 요가를 하고, 텃밭을 가꾸며 마치 이 그림책의 주인공처럼 살아간다. 함께 저녁 식사를 하는 자리. 그때 한참 글쓰기에 전념하고 있던 남편은 P언니에게 느닷없이 질문을 던졌다.

"누님은 왜 책을 안 쓰세요?"

"별로 쓰고 싶지 않아. 컴퓨터 앞에 앉으면 몸도 안 좋아지는 것 같고, 그냥 요새는 노는 게 좋아."

P언니의 대답은 우리의 예상을 크게 빗나간 것이었다. 마치 돈이 열리는 나무를 옆에 두고도 그저 무던히 지켜보던 그림책 속 그녀처럼, 언니가 재능을 제대로 펼치지 않고 이 소박한 생활에 묻혀 사는 것이 우리에겐 못내 아쉽게 느껴지기도 했다. 남편은 분명 언니에게 이런 말을 건네고 싶었을 거다. '누구보다 글을 잘 쓰시니 시대적인 흐름을 반영한 주제만 잡으면 분명 자신의 브랜드를 만들 수 있는 작가가 될 수 있어요.' 하지만 이 말이 필요한 사람은 언니가 아니라 도통 써지지 않는 글을 붙잡고 매일 씨름을 하고 있던 남편 자신이었으리라.

언니는 우리에게 반문했다.

"그렇게 성공해서 뭐할라고?"

"성공하면…… 명예를 얻고, 돈도 모으고, 편히 쉬고, 맘껏 여행도 다니며 자연과 함께 안정적인 노후를 보낼 수……"

맴돌던 생각들을 하나씩 되새김질하고 있자니 스스로 웃음이 났다.

헨리 데이비드 소로가 월든의 호숫가에서 오두막을 짓고 살 때 쓴 글에 이런 구절이 있다.

"그 무렵의 나는 부유했습니다. 돈이 아닌 햇살 가득한 여름날의 시간들을 넉넉히 지니고 있었으며, 그 시간들을 사치스러울 정도로 써버렸던 것입니다."

지금 언니의 일상은 사치스러울 만큼 부유한지도 모르겠다. 오히려 미래에 대한 막연한 불안감과 '조금만 더, 조금만 더'를 외치며 이 거대한 도시를 떠나지 못하는 것은 바로 나 자신이었다. 수입에 맞추어 적당히 지출하는 건 늘 힘들고, 타인의 시선을 의식한 불필요한 지출도 점점 늘어갔다. 상대적 빈곤감이란 마치 출구 없는 공간을 열심히 헤매는 것처럼 공허하고 피곤했다.

나뭇잎을 따기 위해 구름처럼 모여든 사람들을 측은하게 지켜보던 그녀의 눈동자. 자신만의 브랜드를 외치는 이의 주장에 살며시 웃음을 건네던 언니의 모습. 그녀들의 다음 이야기를 이제 나도 조금 알 것 같다. 번잡한 소음 속에서도 자신의 일상을 지켜내는 힘, 계절의 흐름에 따라 자연의 순리대로 살아가는 삶, 성공과 명예라는 욕망에 흔들리기보다 자신이 진정 무엇을 원하는지 바르게 아는 지혜까지. 그녀들의 삶을 멀리서 바라보는 것만으로도 내겐 힘이 된다.

조용한 골목에 작은 공간을 얻어 그림책방의 주인으로 살아보고 싶은 마음은 마치 몽상가적 발상처럼 생겨났다. 누가 들어도 그림책방은 돈이 되지 않는 일이니까. 돈을 벌겠다는 생각보단 어떻게 하면 망하지 않고 오랜 기간 유지할 수 있을지를 고심하는 게 우선일 거다. 하지만 꼭 한번 그림책방의 주인으로 살아보고 싶었다. 그래서 오늘도 난 내게 최면을 건다. '돈의 무게를 줄여 다소 사치스러운 인생을 누려보자'.

그렇게 놀고 싶다던 언니는 얼마 후 책을 출간했다. 제목은 『다정한 날들』이다. 언니는 이 책에서 자신의 집과 길, 함양에서 만난 사람들과 삶의 이야기들을 따스하게 풀어내고 있다. 일상은 자연스레 글이 되었고, 글은 또 다음 삶의 여정을 이끌어주는 힘이 될 것이다.

"잘 알지도 못하는 말은 이제 그만 늘어놔도 좋은 삶, 허세와 모순으로 가득 찬 사람들과는 더이상 만나지 않아도 되는 삶, 내가 좋아하는 일을 최선을 다해 즐길 수 있는 삶, 단순하고 소박하되 내 몸과 마음을 충분히 돌볼 수 있는 조건을 갖춘 삶, 지금껏 내가 외면해 온 나 자신을 더 많이 발견하고 사랑할 수 있는, 그런 삶."

- 〈다정한 날들〉 중에서 -

데이비드 스몰(1945~)

미국 미시간 주 디트로이트에서 태어나 어려서부터 그림을 그리기 시작한 그는 예일 대학에서 미술을 전공했습니다. 그의 그림은 투명한 수채화로, 맑고 섬세합니다. 등장인물들의 얼굴만 보아도 각 인물의 성격들이 고스란히 읽혀질 만큼 매서운 표현력을 지닌 작가이기도 하죠. 하지만 자전적 이야기를 가감 없이 다룬 『바늘땀』을 읽고 있으면, 그의 작품 세계와는 또 다른 그를 만나게 됩니다. 데이비드 스몰은 아내 사라 스튜어트와 함께 작품 활동을 하고 있고, 부부가 함께 작업한 작품 중 우리나라에 소개된 것으로는 『라디아의 정원』과 『도서관』, 『돈이 열리는 나무』, 『이사벨의 방』 등이 있습니다.

사라 스튜어트

미국 텍사스에서 자랐으며, 대학에서 라틴어와 철학을 전공했습니다. 졸업 후 한때 교사로 일하기도 했으나, 현재는 뉴욕 타임즈에서 어린이책 서평을 쓰고 있습니다.

이 책은 꼭 읽어보자.

『라디아의 정원』, 『도서관』, 『바늘땀』

3.

곰을 만나다

『장바구니』
존 버닝햄 글 · 그림

이른 새벽을 사수해 더 긴 하루를 만들고 싶었다. 어쩌면 지금까지 피라미드의 맨 밑바닥, 누군가의 창조물 속에서 순진한 소비자로만 살아온 것도 이 새벽을 지켜내지 못한 이유가 아닐까. 지나친 비약이라 해도 이번만큼은 굳은 의지로 이 시간을 지켜내려 했다. 그래서 그날도 졸린 눈을 비비며, 간신히 모니터 앞에 좀비처럼 앉아 있었다. 그런데 새벽 5시, 곤히 잠들어 있어야 할 아이가 다급한 목소리로 나를 불렀다.

"엄마! 엄마! 배가 너무 아파. 엄마! 안 되겠어. 빨리 119 불러줘."

아이의 얼굴이 온통 창백한 백색이다.

"어 그래. 119? 그래, 그래야겠다."

아이의 긴박한 요청에 생각할 틈도 없이 나는 119에 전화를 걸었다. 난생처음 걸어본 119. 분명 수화기를 들고 누군가의 질문에 답을 하곤 있었지만 머릿속은 복잡했다. '뭐지? 이제 뭘 어떻게 해야 하는 거지?' 우선 잠옷 차림으로 병원에 갈 수는 없으니 황급히 옷을 갈아입고, 아이가 앉아 있는 변기 앞에 쪼그린 채 아이의 차가운 손과 배를 열심히 문질러 주었다. 그러자 곧 초인종이 울렸다. 구급대원과 천천히 아이를 부축해 구급차에 오르니, 아이도 그제야 안심이 되는 얼굴이다. 덜컹거리는 구급차 안에서 느껴지는 어지럼증과 메스꺼움. 아이와 나는 어느새 병원 응급실에 도착해 있었다.

결국 아이는 입원을 했고, 나의 일상은 내 의도와는 다르게 또 빠르게 흘러갔다. 아이는 장간막 림프선염으로, 장 주위의 임파선이 부어 복통을 호소한 것이라 했다. 딱히 원인을 찾긴 힘들었지만 면역력 강화를 위해 처방된 약을 먹고, 쉬고, 식사를 잘 챙기는 일이 급선무였다. 물론 아이의 일상을 책임지는 건 엄마인 나의 몫이었다.(당시 주말부부 생활을 하고 있었기에 평일 아이를 돌보는 일은 전적으로 내 담당이었다.) 후~ 그래도 큰 병이 아니니 다행이었다. 하지만 퇴원 후 어김없이 시작된 일상에 벌써 힘이 빠졌다.

오늘은 문득 그림책 『장바구니』 속 주인공 스티븐이 생각났다. 현실 세계와 판타지 세계를 자유롭게 오가는 이야기꾼 존 버닝햄. 그의 그림책 세상에서의 승자는 언제나 고집불통에 권위적인 어른이 아닌, 어려움에 부딪힐 때마다 자신만의 힘을 발휘하는 아이였다. 어른을 부끄럽게 만든 작지만 지혜로운 아이, 스티븐도 그랬다.

『장바구니』의 이야기는 이렇다. 엄마는 스티븐에게 동생이 먹을 달걀 6개, 바나나 5개, 사과 4개, 오렌지 3개 그리고 스티븐이 먹을 도넛 2개와 과자 1봉지를 사오라고 하셨다. 그런데 스티븐은 가게에서 물건을 사고 집으로 돌아오는 길에 느닷없이 나타난 곰, 원숭이, 캥거루, 염소, 돼지를 만난다. 스티븐은 그 상황을 어떻게 벗어났을까?(책에서 직접 확인해 주시길.) 결론적으로 그는 제법 재치 있는 입담과 두둑한 배짱으로 모든 상황을 지혜롭게 해결해갔다. 그러나 아쉽게도 스티븐은 바구니 물건들을 모두 지켜내진 못했다. 그렇게 집에 돌아온 스티븐에게 엄마는 이런 말씀을 하셨다.

"스티븐, 대체 어디 있다 오는 거니?

겨우 달걀 여섯 개, 바나나 다섯 개, 사과 네 개,

오렌지 세 개, 도넛 두 개, 과자 한 봉지

사오라고 했는데, 왜 이렇게 늦었어?"

엄마의 물음은 당연한 것이었다. 단순한 심부름에 생각보다 많은 시간이 흘렀으니까. 나 역시 그랬다. 아이로 인해 지체되는 시간들이 이해되지 않을 만큼 힘들고, 뜻대로 되지 않는 일들엔 화부터 났다. 방금 전 아이의 머리를 스치고 지나갔을 생각과 생각 그 사이의 이야기들, 열심히 해보려 했지만 느닷없이 닥친 상황에 느낀 당혹감까지, 아이의 이야기를 어느 것 하나 주의깊게 묻지도, 들어주지도 못했다. 언제나 눈에 보이는 것은 과정이 아닌 결과였고, 그것이 가장 쉬웠으니까.

그런데 이게 어디 아이에게만 있는 일인가. '겨우(?)' 글을 쓰고, 책을 읽고, 주부로 사는 일상도 어느 것 하나 계획대로 이어가지 못하지 않는가. 불쑥 걸음을 멈춰 서게 하는 사건들로 필요 이상 멍하니 서 있던 게 어디 한두 번이던가. 겁에 질려 상황 파악을 못하고 바구니 자체를 던져 버리고 오길 수차례 반복한 인생이 아니던가. 그래서일까. 대문 앞에서 날 나무라시던 어머니의 목소리

는 아직도 내 안에 생생히 살아 있다. '넌 겨우 이런 것도 제대로 못하는 거니!'

인생의 계획이란 때때로 늘어지고 변경되며 방향을 잃기도 하는 것이다. 집에 가는 길이 늦어지고 바구니의 물건이 조금 소실되었다 해도, 그럼에도 불구하고 집으로 한발 내딛는 것, 그게 내가 아는 인생이다. 다소 늦었지만 집에 잘 도착했고 바구니에 담긴 음식은 아직 풍성하다. 그러니 걱정할 게 또 무엇인가. 늦춰진 시간만큼 새로운 것을 경험했고, 그 경험으로 얻은 지혜는 아직 채 풀어내지도 못했다면, 이제 한숨 돌리고 지나친 비판은 거두어도 되지 않겠는가.

다시 컴퓨터에 앉아 글을 쓰는 게 3주 만이다. 새벽을 사수하겠다던 나의 계획은 또 물거품이 되었다. 그동안 난 아주 큰 곰을 만난 것이다. 스티븐만큼 지혜롭게 곰을 피하진 못했지만, 그날의 경험 덕분에 이렇게 글 한 편을 또 마무리할 수 있었다. 장바구니에 새로운 물건 하나를 채웠고, 집으로 가는 길도 포기하지 않았다. 그러니 이젠 스스로에게 꼭 말해 주고 싶다. '오늘도 애 많이 썼으니 지금부터 맛있는 저녁을 먹자!'고.

존 버닝햄 (1936~)

1936년 영국 서리 주의 파넘에서 태어난 그는 진보적이고 자유로움을 추구하는 가정에서 자랐습니다. 어린 시절 아버지가 세일즈맨이라 자주 이사를 다녀야 했고, 집 대신 주거용 트레일러에서 살기도 했지요. 모두가 아는 대로 영국의 서머힐 학교를 다니기도 했습니다. 어린 시절부터 친구들하고 어울리기보다는 혼자만의 세계에 빠져 있던 존 버닝햄은 청년 시절 병역을 거부하고, 대신 남부 이탈리아와 이스라엘에서 삼림 일, 학교 짓는 일을 경험하며 지냈습니다.

1956년에는 런던의 센트럴 아트 스쿨에서 공부를 했고, 이스라엘로 돌아가 필름회사에서 모델과 인형 작업을 하기도 했죠. 1960년 영국으로 돌아와 첫 그림책을 출간하기까지 잡지 만화 그리기, 크리스마스카드 디자인 일을 하며 지냈습니다. 그리고 같은 학교를 다녔던 헬린 옥슨버리를 만나 1964년 결혼을 하게 됩니다. 헬린 옥슨버리 역시 뛰어난 그림책 작가로 활동하고 있습니다.

존 버닝햄의 그림은 다양한 선을 사용하여 자유분방하면서도 마치 아이의 그림처럼 생동감이 넘칩니다. 그는 언제나 아이의 눈높이에서 아이들의 외로움과 소외된 감정을 표현해주는 그림책의 거장입니다.

이 책은 꼭 읽어보자.

『야! 우리 기차에서 내려!』, 『우리 할아버지』, 『마법 침대』, 『지각대장 존』, 『비밀 파티』

4.

행복의 새로운 공식

『우리 집은 너무 좁아』
마고 제마크 글 · 그림

"언니 사는 게 하나도 재미가 없어요. 정말 아무런 즐거움이 없어."

"왜 잘 지내고 있으면서."

"아니에요!"

"지금 정도면 그래도 괜찮은 거 아닌가? 우린 맛있게 점심 식사를 했고, 이렇게 여유롭게 걷고 있잖아. 무엇보다 일상에 큰 어려움이 닥친 게 아니니까."

"언니가 몰라서 그래요. 하여튼 사는 게 너무 심심하고 우울해요."

"그래도 지나고 보면 오늘이 행복했구나 싶을걸."

우울함을 전하는 이에게 너무 건조한 이야기를 건넨 게 아니었을까. 내심 미안했다. 마치 그녀에게 안 좋은 일이 일어나리라는 주문을 건 것 같아서 말이다. 하지만 인생이란 롤러코스터와 같아 저마다 굴곡이 있기 마련이다. 누구에게나 마땅히 경험해야 할 자기 자신만의 슬픔과 고통의 몫이 있는 것이고. 그 많은 인생의 굴곡을 비껴가는 이를 본 적이 없다. 아니나 다를까, 한 달 뒤 친구의 시아버님은 병원에 입원하시게 되었고, 친구는 세 달 동안 홀로 병간호를 하며 몸도 마음도 고단해했다. 힘든 시기를 보내는 친구에게 몇 달 전 나와의 대화를 기억하는지 물을 순 없었지만, 돌아보면 따분했던 그날도 제법 괜찮은 하루가 아니었을까.

"옛날 옛날 작은 마을에 가난하고, 불행한 남자가 살고 있었어요.

그 남자는 어머니와 아내와 아이 여섯과 함께 한 칸짜리 조그만 오두막에서 살았지요.

집 안이 너무 북적거려서 남자는 아내와 자주 말다툼을 했어요.

……

어느 날, 이 가난하고 불행한 남자는 더 참을 수가 없어서 도움을 청하기 위해 랍비에게 달려갔지요."

가난한 것도 서러운데 그 가난으로 심리적 불행을 느끼는 한 남자가 있다. 모든 문제의 원인이 결국 '작은 집'이라고 생각하는 남자. 그는 랍비에게 달려가 집이 너무 북적거리고 소란스러워 사는 게 정말 힘들다고 말한다. 랍비가 그에게 어떤 대답을 줄 수 있을까? 궁금했다.

"말해 보시오. 불쌍한 자여. 그대는 암탉 같은 동물을 키우고 있소?"

"네. 암탉 몇 마리에다 수탉하고 거위도 키우고 있습니다."

"아, 잘됐소, 이제 집으로 가서 암탉과 수탉과 거위를 오두막 안으로 데리고 들어가시오. 그리고 모두 함께 살도록 하시오."

랍비의 처방에 웃음이 났다. 조금 다른 이야기지만 나에게도 비슷한 경험이 있었다. 난 몇 해 전 갑상선암 판정을 받았다. 결과가 나오자 수술 날짜를 급하게 정하게 되었고, 여러 검사가 꼬리에 꼬리를 물고 진행되었다. 그러다 보니 혼자 병원을 오가는 일이 잦았고, 억울함과 걱정으로 나의 하루는 정말 말이 아니었다. 요즘 갑상선암은 암도 아니라지만 본인이 체감하는 암에 대한 공포는 또 다른 것이다. 그런 고민 속에 지하철에서 한 통의 전화를 받았다.

친한 후배 K의 전화였다. 요즘 남편과 사이가 좋지 않으니 자신의 말을 좀 들어 달라는 하소연이었다. 그림책 속 불행한 남자의 모든 문제가 작은 집으로 귀결되듯, K가 문제삼는 것은 남편이었다. 그날도 그녀의 목소리는 침울했고, 다급함이 묻어 있었다. 그녀의 말할 수 없는 고통, 아픔, 답답함에 대한 이야기를 나는 수년째 반복해 듣고 있었다. 나는 언제까지 그녀의 아픔에 응수해야 하나. 무엇보다 그동안의 내 노력은 그림책 속 랍비만도 못한 것이었다. 그 많은 위로도, 지혜롭다 여겼던 제안들도 어느 것 하나 두 사람의 관계를 개선하지는 못했으니까. 나 역시 그녀만큼이나 지칠 대로 지쳐 있었기에, 그녀가 또다시 나에게 자신의 어긋난 일상을 쏟아내려는 순간, 난 내 이야기를 먼저 꺼냈다.

"나 암이래. 지금 병원에 가는 길이야."

"예? 암이요?"

그녀의 침울했던 목소리는 일시적으로 높아졌고, 더이상 나에게 자신의 문제를 쏟아내지 않았다. 내가 암에 걸렸다는 소식이 그녀에겐 자신의 문제보다 더 큰 문제로 다가온 듯했다. 그녀는 나를 위해 기도를 해주겠다 나섰고, 얼마 후 자기도 건강검진을 받았다며 소식을 전해 왔다. 죽을 듯이 힘들어하던 그녀는 오히려 나보다 건강했다. 매번 온몸의 통증을 호소하던 그녀 역시 그때만큼은 자신의 건강함에 안도하는 모습이었다. 상대적 행복감일까. 그녀와 처음으로 평온한 대화를 이어갈 수 있었다.

랍비의 처방은 지혜로웠다. 이 가난하고 불행한 남자는 서둘러 집으로 가서 랍비가 시킨 대로 암탉과 수탉과 거위를 작은 오두막 안으로 데리고 들어간다. 하지만 오두막의 생활은 전보다 훨씬 괴로웠다. 이 불행한 남자는 더이상은 견딜 수 없어 다시 랍비를 찾아간다.

"랍비님, 이보다 더 나빠질 수는 없습니다. 제발 저를 도와주세요."

"말해 보시오. 혹시 염소를 키우고 있소? 아주 잘 됐소.
이제 집으로 가서 그 나이 든 염소를 오두막 안으로 데려가 함께 살도록 하시오."

맞춤한 해답을 구하러 갔던 그에게 돌아온 답은 염소를 집안으로 데리고 들어가라는 것이다. 남자가 그다음에 찾아갔을 때, 랍비는 암소를 집에 들이라 했다. 그는 랍비가 미친 게 아닐까 생각하며 투덜거리면서도 랍비의 말에 따랐다. 그렇게 암소를 집에 들이고도 계속해서 불행을 느낀 남자는 또다시 랍비를 찾아간다. 그제서야 랍비는 말한다.

"가난하고 불행한 자여, 이제 집으로 가서 동물들을 오두막 밖으로 내보내시오."

그 후 불행한 남자와 그의 가족은 모두 평화롭게 잠들 수 있었다. 그리고 자신이 얼마나 행복한지 모르겠다며 랍비에게 감사의 말을 전했다.

"거룩한 랍비님. 랍비님은 제 삶을 달콤하게 해 주셨어요. 오두막에 식구들이 모두 있는데도 아주 조용하고 널찍하고…… 심지어 평화롭기까지 하니 얼마나 행복한지 모르겠어요!"

남자의 불행은 작은 집에서 시작되었다. 하지만 불행에 더 큰 불행을 더한 뒤, 다시 더한 그만큼의 불행을 제거했을 뿐인데 결과는 전혀 달랐다. 수학적 계산에서는 있을 수 없는 일이지만 우리의 일상에서는 제법 자주 마주치는 경험이다. 그러고 보면 우리의 불행이라는 것이 얼마나 상대적이고, 생각하기에 따라 명암이 갈리는 것인가. 허탈하지만 웃지 않을 수 없다.

갑상선암 수술을 위해 병원에 입원한 날. 창밖에 노란 개나리꽃이 수북이 피어 있었다. 그때 내 소원은 단 하나, 저 아름다운 꽃길을 걸어보는 것이었다. 봄의 시작을 누릴 수 있다는 게 얼마나 큰 행복인지 그 전까진 생각도 해보지 못했다. 그만큼 행복이란 불행의 끝자리에서 새롭게 만나는 또 다른 세계였다.

어쩌면 불행은 행복으로 가기 위해 꼭 겪어야 할 과정인지도 모르겠다. 지금, 삶이 정말 불행하다 느낀다면 랍비의 가르침을 다시 한 번 생각해 보는 건 어떨까.

마고 제마크(1931~1989)

마고 제마크는 미국의 경제 공황기에 로스앤젤레스에서 태어나 어린 시절을 보냈습니다. 풀브라이트 장학생으로 비엔나 대학에서 그림을 공부하였고, 같은 장학생으로 역사를 공부하던 하브 제마크를 만나 결혼했죠. 이후 작가인 남편과 함께 활발하게 그림책 작업을 하였으며 어린이책 일러스트레이터로 명성을 얻었습니다. 1970년 남편 하브 제마크가 글을 쓴 『어리석은 판사』로 칼데콧 아너 상을, 1974년에는 『더피와 악마』로 칼데콧 상을, 1977년에는 『우리 집은 너무 좁아』로 칼데콧 상을 받았고, 1989년 근육병으로 세상을 떠났습니다.

이 책은 꼭 읽어보자.

『어리석은 판사』, 『마젤과 슐리마젤』

5.

파란 심장을 가진 아이

『그 길에 세발이가 있었지』
야마모토 켄조 글 / 이세 히데코 그림

"사람은 누구나 마음속에 나무 한 그루를 가지고 있다."
- 〈커다란 나무 같은 사람〉 중, 이세 히데코

올해 열 살이 된 아들 녀석이 한 달째 강아지 타령이다. 외동아들이지만 지금까지 동생이 필요하단 말 한 번 없던 녀석인데, 강아지를 애타게 찾는다. 강아지를 키우는 건 무척 힘든 일이고, 이별도 감당하기 쉬운 일이 아니라고 여러 번 타일렀다. 심지어 고

가인 자전거를 사주겠다, 레고를 선물해 주겠다 나름 통 큰 제안도 해봤다. 그런데 이 녀석! 이번에는 쉽게 포기하지 않을 기세다.

나는 사육(飼育)의 즐거움을 모른다. 내 몸 하나 건사하기도 힘든 부류의 사람이니까. 그래도 어린 시절, 마당이 있던 집에 살아선지 가끔 이름 모를 강아지들이 며칠씩 불쑥 맡겨지곤 했었다. 그때마다 엄마는 손이 많이 탄다며(지금의 나처럼) 서둘러 그들을 각자의 집으로 되돌려 보냈는데, 정을 나눌 만큼의 시간이 부족했는지 딱히 서운함도 없었다. 그렇다고 온몸을 흔들며 사람을 반기고, 한 번의 손길에 제 몸을 모두 맡기는 그들의 지독한 순수함을 모르진 않았다. 때론 인간보다 더 애틋한 사랑을 하려 드는 촉촉한 눈빛과 충직한 그들의 심성까지도. 하지만 그 관계를 유지하기 위해 지불해야 하는 수고와 대가가 늘 더 크게 마음에 남았다.

그런 어느 날, 꿈을 꾸었다. 어이없지만 아이가 아니라 내가 강아지와 풀밭에서 뒤엉켜 노는 꿈이었다. 신기하게도 며칠이 지나도록 꿈속의 따스한 온기가 사라지지 않고 있었다. '뭐지? 이젠 나의 무의식까지 강아지 타령인가!' 그리고 문득, 어쩌면 강아지는 아이가 아니라 나에게 꼭 필요한 게 아닐까? 하는 생각이 들었다. 늘 바랐지만 지금까지 느껴보지 못한 따스한 접촉을 경험하기 위해서 말이다.

그로부터 한 달 뒤 시츄 한 마리가 우리 집에 왔다. 이름은 '뽀뽀'로 지었다. 태어난 지 4주가 조금 넘은, 작고 귀여운 강아지였다. 시츄는 키 25~27센티미터, 체중 5~7킬로그램의 소형견이라 했다.(분명 그랬다!) 청각이 예민하고 크고 동그란 눈을 가졌으며, 무엇보다 시츄는 조용하고 순하여 말을 잘 듣고 애교도 많은 게 특징이라고 했다.

그런데 몇 달 후, 우리 집 거실은 대형 화장실로 변해 있었다. 뽀뽀는 무엇보다 식탐이 대단했다. 하루 종일 먹고, 싸고, 자는 일만 반복했다. 그리고 소형견 같지 않게 몸이 무척이나 길~고, 점점 더 무거워졌다. 며칠 전 옆집 언니는 뽀뽀의 발을 보더니 이건 강아지 발이 아니라 사자의 발이라면서 앞으로 지금보단 훨씬 더 커질 거라는 저주를 퍼붓고 갔다. 그리고 그건 사실이었다.

물론 아들놈은 뽀뽀를 동생처럼 아낀다. 함께 거실(똥오줌 밭)에서 뒹굴고 뽀뽀의 냄새(웩!)가 좋다며 뽀뽀의 방석에 자신의 볼과 온몸을 비벼댄다. 코가 막힌 건지 몰라도, 그건 분명 큰 사랑이었다. 나 역시 뽀뽀를 집에 들인 게 아이를 위한 최고의 선택임을 부인하기 어렵다. 하지만 '난 힘들다!' 늘어난 집안일과 빼앗긴 거실, 여기저기 긁어놓은 몰딩에 똥오줌으로 썩어가는 거실 바닥, 뜯겨진 그림책을 보고 있으면 발끝부터 화가 치밀어 더이상은 참을 수가 없는 지경에 이른다.

그림책에는 유독 강아지를 소재로 한 작품들이 많다. 강아지와 애틋한 이야기를 품은 이들이 어디 한둘일까마는, 그중에서 꼭 소개하고 싶은 그림책이 있다. 야마모토 켄조가 글을 쓰고, 이세 히데코가 그림을 그린『그 길에 세발이가 있었지』란 그림책이다. '이세 히데코'의 그림을 어찌 사랑하지 않을 수 있을까. 그녀의 수채화는 언제나 맑고 투명하다. 하지만 마치 눈물이 번진 듯 그녀의 작품은 아리고 외롭게 다가왔었다. 그녀에게 닥친 한쪽 눈의 실명과 아들의 죽음이 작품에 직접적인 영향을 주지 않았다 해도, 그녀의 작품 곳곳에서 나는 '파란 심장을 가진 아이'의 짙은 슬픔을 자주 마주하곤 했다. 그 슬픔이 내 것인지, 그녀의 것인지 알 수는 없지만.

세발이는 거리를 떠도는 길거리의 개다. 왜 다리가 세 개인지, 언제부터 세발이가 이 길에 있었는지, 아무도 모른다. 하지만 세발이는 마음이 아주 넓다고 했다. 사람들이 길을 지나가면 언제나 반갑다고 꼬리를 살랑살랑 흔들었다. 그리고 여기, 상처투성이인 채로 자신의 발끝만 보며 걷는 한 소년이 있다. 엄마를 잃고, 세상에 홀로 남겨진 소년. 그림책은 소년과 세발이의 우정, 사랑 그리고 소년이 다시 홀로되는 성장의 과정을 담담하고도 먹먹하게 그려내고 있다. 그해 겨울이 끝날 무렵, 그림책 속 주인공 소년은 다시 새로운 길을 찾아 떠나게 되었다.

차를 탔어.
세발이가 나를 보았어.
나는 손을 흔들지 않았어.
수없이 눈으로 말했으니까 손을 흔들지 않은 거야.

차가 움직였어.
세발이가 길 한가운데로 쫓아왔어.
차가 점점 빨라지자 세발이도 점점 빨라졌지.
빨리 달리면 달릴수록 세발이다워졌어.
그 모습을 바라보는 내 마음도 편안해졌지.
차가 큰 길로 나왔어.
세발이는 그 길이 끝나는 곳에서 멈췄어.
더이상 보이지 않았어.
나는 많은 날을 걸어왔어. 많은 사람들 속을 여전히 혼자 걷고 있어. 괜찮아. 눈을 감으면 그 길이 보이잖아. 세발이가 나를 보고 있잖아. 나는 계속 걸을 거야.

현실 상황은 다르지만 그림책 속 아이와 세발이의 우정은 내 아이와 내가 뽀뽀를 통해 느끼는 마음과 참 많이 닮아 있었다. 언젠가 '개를 사랑하는 모임' 카페에 글을 올린 적이 있다. "시츄를 키우는 게 좋을까요?" 어느 분의 짧은 댓글을 난 아직도 잊을 수 없다.

"시츄는 사랑입니다."

그동안 난 두려웠으리라. 강아지를 키우는 것, 새로운 사랑을 하는 것 모두. 한 생명을 온전히 지켜내고, 언젠가 다가올 이별의 아픔을 감당할 자신이 없어 그 시작조차 피하고 싶었다. 그런데 지금은 뽀뽀가 우리 집에 왜 왔는지, 강아지와 풀밭에서 놀던 꿈이 무엇을 이야기하는 것인지 조금 알 것 같다. 가장 여린 존재를 통해 나의 숨죽은 감성이 다시 살아나는 경험을 하고 있다 할까. 그래서 사랑은 언제나 정답이다. 다소 두렵고 아프지만, 그 생생한 실감을 대체 어디서 느낄 수 있을까.

이세 히데코(1949~)

1949년 삿포로에서 태어나 13세까지 홋카이도에서 자랐습니다. 도쿄 예술대학을 졸업하였고, 프랑스에서 공부하였습니다. 동화 『마키의 그림일기』로 노마 아동문예상을 받았고, 미야자와 겐지 작품 『수선월 4일』로 산케이 아동출판문화상 미술상, 창작 그림책 『나의 를리외르 아저씨』로 고단샤 출판문화상 그림책상을 수상하였습니다.

어릴 적에는 만화가가 꿈이었지만 진학을 결정하는 시기에 이와사키 치히로나 하츠야마 시게루의 그림책을 발견하고 그림책 작가를 의식하기 시작했다고 합니다. 그 후 영국의 찰스키핑에 매혹되어 그림책 작가가 되기로 결심했다고 하죠. 20대부터 100권이 넘는 책에 삽화를 그렸고, 자신이 이해할 수 없는 문장을 그림으로 그려야만 하는 부담을 덜기 위해 지금은 스스로 글을 쓰며 자신만의 그림책을 만들어가고 있습니다.

이 책은 꼭 읽어보자.

『나의 를리외르 아저씨』, 『천개의 바람, 천개의 첼로』, 『커다란 나무 같은 사람』, 『고흐, 나의 형』

6.

위로가 필요한 날

『빨간 나무』
숀 탠 글 · 그림

때로는 하루가 시작되어도

아무런 희망이 보이지 않는 날이 있습니다.

모든 것이 점점 더 나빠지기만 합니다.

어둠이 밀려오고 아무도 날 이해하지 않습니다.

……

때로는 기다립니다.

....

그러나 달라지는 것은 아무것도 없습니다.

그리고 모든 일은 한꺼번에 터집니다.

그런 날이 있다. 모든 일들이 한꺼번에 터져버리는 날. 삽시간에 몰아닥친 거친 물살에 온몸이 빨려들어가 정신을 놓아 버릴 것만 같은 날. 필사적인 몸부림으로 허우적거려 보지만 결국 아무런 변화도 이끌어내지 못하는 날. 내게도 그런 날이 있다. 생각보다 자주.

아침 일찍 수업을 듣기 위해 집을 나섰다. 구립 도서관에서 주관하는 그림책 관련 수업이다. 넓은 강의실, 나를 포함해 중년 여성 세 명이 모여 있었다. 강의가 시작된 것은 지난달인데 등록한 수강생이 없어 한 달이 지난 지금 첫 수업이 시작된 것이었다. '후~ 앞으로 가야 할 길도 먼데, 애써 달려가고자 하는 미래의 모습도 그리 낙관적이진 않구나.' 하지만 제대로 된 레이스를 펼쳐 보기도 전에 미리 실망하지는 말자는 생각이 들었다.

사실 요즘 들어 스스로에게 답답증이 몰려오던 차였다. 수업이 끝난 후 나는 선생님께 이런저런 질문을 던졌다. 돌아오는 답은 하나. "그래서 정확히 무엇을 하고 싶은 건데요? 그걸 말씀해 보세요." 나도 모르게 한숨이 흘러나왔다. '그러게요. 그걸 잘 모르겠으니 고민이 깊은 거죠.' 멍하게 혼자 웅얼거렸던 걸까. 정신을 차려보니 선생님의 모습은 보이지 않고, 빈 교실에 덩그러니 홀로 남겨져 있었다.

1시가 훌쩍 넘은 시간. 점심도 거른 채 아이의 학교 엄마들 모임에 참석하기 위해 걸음을 재촉했다. 다시 여고생으로 돌아간 듯 모임 안에는 애정과 질투, 즐거움과 오해가 늘 뒤엉킨 채 존재했다. 적당한 거리감은 서운함으로 서로의 관계를 멀어지게 했고, 긴밀히 밀착되면 사소한 오해들이 결국 상처가 되어 돌아왔다. 나는 의례적인 예의와 진심 어린 감정 사이를 외줄 타기 하듯 아슬아슬하게 건너고 있었다. 그래도 아직은 그녀들의 웃음소리가 반갑고, 즐거웠다.

그런데 요즘 들어 가장 친하게 지내던 동생과 작은 오해들이 생겨나기 시작했다. 왜인지는 알 수 없었다. 그날 역시 짙은 피로감이 묻어 있던 그녀의 말 한마디가 목에 걸린 가시처럼 따갑고 불편했다. 긴 시간의 대화에도 불구하고 집으로 돌아오는 길은 여전히 속 빈 강정처럼 허하기만 하다. 빈속인데도 왠지 모르게 더부룩하다.

두 어깨 가득 풀리지 않는 숙제를 한껏 짊어지고 터덜터덜 집으로 돌아왔다. 그리고 학원에서 돌아온 아이를 마중하고, 간식을 차리며 아이와 이야기를 나눴다. 아이는 또 실수를 했다며 내게 시험지 한 장을 내밀었고, 학교 이야기를 묻자 기억이 나지 않는다며 침묵했다. 내 질문이 잘못된 것인지, 아이의 기억력이 문제인지 아이의 대답은 늘 싱겁다. 아이에게서라도 작은 위안을 얻고 싶었던 걸까. 그 기대감마저 차갑게 식어 버렸다. 어쩐지 오늘은 좀 위험한 날이 될 것 같았다. 결국 피로감과 답답함이 뒤섞여버린 하루의 화는 가장 연약한 상대인 아이에게 돌아갔다.

"네 실수가 결국 네 실력이야! 언제까지 실수하면서 시험을 볼래. 시험이 장난이야!"

판도라의 상자가 열리고 말았다. 온갖 부정적 이야기들이 일순간 쏟아져 나온다. 멈출 수가 없다. 곧 후회하고 아파하리라는 것을 알지만 어리석게도 그 순간을 참아내지 못한다. 아~ 오른쪽 머리가 지끈거렸다. 아이의 숙제를 겨우 봐주고, 두통약을 먹은 후 이른 저녁잠을 청하려 잠자리에 누웠다. '오늘은 여기까지 하자.' 새벽 두 시. 악몽과 함께 잠에서 깨었다. 현실도 꿈도 편치 않은 하루다. 그런데 이상하다. 아이 왼편에 잠들어 있어야 할 남편의 모습이 보이지 않는다. 남편은 지금 어디서 누구와 무엇을 하고 있는 걸까. 역시 오늘은 알 수 없는 일투성이다.

반복되는 일상을 성실히 지켜주던 일, 친구, 아이, 남편과의 관계들이 작은 종이배에 올라탄 주인공처럼 내 삶을 소리 없이 뒤흔들어 놓은 오늘. 아! 그 순간 『빨간 나무』 그림책의 한 장면이 선명하게 떠올랐다. 유리병에 갇혀 있던 작은 아이. 그 한 장의 그림 안에 내가 있었다. 아직 이름 붙이지 못한 이 알 수 없는 감정은 무엇이며 내가 왜 우는지조차 불분명한 지금, 그림책은 내게 말을 걸어 주었다. 그리고 이내 난 더 힘껏 소리 내어 울었다.

어느 영화에서처럼 복잡한 타임머신 기계를 애써 고안하지 않아도, 책을 펼치면 어느새 과거의 기억은 현재와 가볍게 연결된다. 그와 동시에 지난 시간의 기억과 감정들도 자연스레 살아난다. 사실 책을 읽는 행위는 우리의 지각, 정서, 경험, 감각의 모든 측면을 살아 움직이게 하는 일이다. 또한 자신의 경험을 토대로 글을 분석하고 추론하는 무척 주체적인 작업이기도 하다. 그래서 책을 읽는 그 하나로도 우린 꽤 능동적인 자기 치유의 길을 걷고 있는 것이리라. 힘있는 문장 하나, 그림 한 장이 지친 하루를 진심으로 위로하고, 그 깊은 울림은 소리 없이 나를 정화시켜 주므로.

그림책 『빨간 나무』는 인간의 절망과 슬픔 그리고 외로움을 짧은 글과 그보다 더 생생한 그림으로 표현하고 있다. 따스함과 차가움, 기묘함과 거대한 상징들이 절묘하게 어우러진, 개인적으로 무척 사랑하는 그림책이다. 절망적인 하루의 끝에 함께 울어줄 친구를 찾고 있지만 선뜻 누구에게도 연락하지 못하는 날, 슬픔의 무게가 너무 커 더이상 꼼짝도 할 수 없는 날, 자신의 슬픔과 직면하고자 하는 이들에게 이 책을 권한다.

숀 탠(1974~)

그는 호주의 중국계 말레이시아 이민 2세입니다. 1974년 호주 이민자들의 기착지인 항구 도시 프리멘틀에서 태어나, 대도시인 퍼스 북쪽 변두리에서 자랐습니다. 어려서부터 시와 소설을 좋아했고, 그림에 몰두한 그는 16세에 공상과학소설의 일러스트레이션을 시작했습니다. 18세에 '국제 미래의 출판미술가' 상을 받기도 했습니다. 대학에서는 미술과 영문학을 공부했고, 그 뒤 그림과 글 작업을 하다가 지금은 애니메이션을 만드는 회사인 블루 스카이 스튜디오와 픽사 등에서 원화를 그리고 있습니다.

이 책은 꼭 읽어보자.

『잃어버린 것』, 『도착』, 『여름의 규칙』, 『먼 곳에서 온 이야기들』

7.
당신에게 건네는 사탕 하나

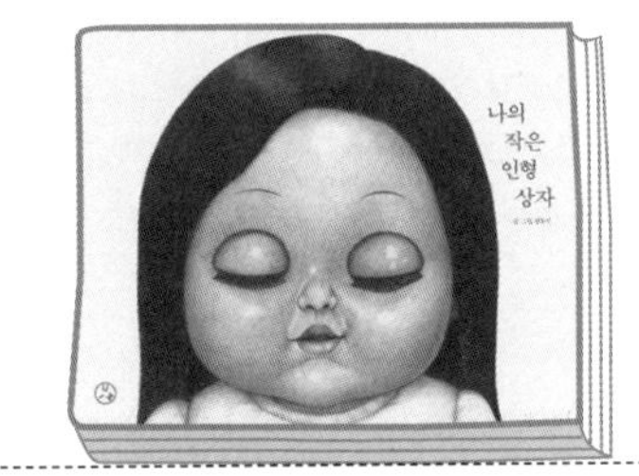

『나의 작은 인형 상자』
정유미 글 · 그림

아이에게 호통을 친 날 밤. 아이는 울었고, 난 밤새 뒤척였다. 계획표에 적어둔 숙제들을 다 무시하고 주말 내내 놀기만 하는 아들 녀석을 보고 있자니 나도 모르게 '화'가 치민 것이다. 훈육이 시작되기도 전, 난 또 스스로의 '화'에 갇혀버렸다. 물론 이 '화'의 진원지가 아이가 아니라 나 자신이라는 걸 잘 알고 있었다. 내 안에 미처 풀지 못한 매듭이 점점 비대해져 언제나 비슷한 상황을 만나기라도 하면 쉽게 불타버리는 것이다.

내게도 계획이 있었다. 그 계획대로라면 지금쯤 석사를 마치고, 전문 상담사로 일하고 있어야 한다. 하지만 상담 학부를 졸업한 지 벌써 4년이 지나도록 건강과 육아, 그리고 새롭게 시작한 글쓰기에 집중하다 보니 아직도 난 이 아늑한 집을 벗어나지 못하고 있다. 그 사이 내 꿈은 '상담사'가 아닌 '그림책방 주인'으로 바뀌었다. 하지만 좀처럼 움직일 수 없었다. 꿈을 그저 꿈으로 남기고 싶은 오랜 습관이 서서히 고개를 든 탓일까.

평소 작가의 수상 경력을 소개하진 않는데 이 작가만큼은 소개하고 싶다. 누가 뭐라 해도 한국 그림책 시장에서 새롭게 떠오른 별이 있다면 단연 『나의 작은 인형 상자 』(2015), 『먼지 아이』(2014)의 정유미 작가일 것이다. 그림책의 노벨상으로 불리는 볼로냐 라가치 상을 2년 연속 수상하기도 했고, 어린이를 위한 그림책 시장에서는 좀처럼 만나볼 수 없던 깊이 있는 주제와 섬세한 그림을 담아낸 수작들을 선보이고 있기 때문이다.

그중에서 오늘 소개할 작품은 『나의 작은 인형 상자』로, 이 작품은 2006년 애니메이션으로 먼저 제작되어 세계 4대 애니메이션 영화제 중 하나인 히로시마 국제 애니메이션 영화제 경쟁 부문에 공식 초청되었고, 미장센 단편영화제에서는 최우수상을 받았다. 그 후 이야기를 각색하고 75컷의 원화를 활용해 새롭게 완성된 것이 바로 이 그림책이다.

나의 작은 인형 상자

여기 나무로 만들어진 작은 인형 상자 하나가 있다. 상자는 2층으로 나뉘어 2층에는 침대와 화장대가, 1층에는 소파와 냉장고가 나란히 놓여 있다. 이곳은 인형의 작은 집이다. 그런데 어느 날, 잠들어 있던 인형이 침대에서 깨어났다. 그러자 어디선가 목소리가 들려온다. 세 명의 친구가 유진(장난감 상자의 주인)의 장난감 상자를 궁금해하는 것이다. 하지만 부끄러움에 유진은 인형 상자의 문을 닫는다. "아무것도 아냐." 그러자 친구들은 발길을 돌렸고 유진은 인형처럼 홀로 남겨졌다.

인형 상자 속 인형처럼 유진도 침대에서 한참 생각에 잠겨 있다. 그리고 나지막이 말한다. "너 같이 가지 않을래?" 그러자 한 소녀가 이불 밖으로 얼굴을 내밀었다. 유진은 다시 소녀에게 말을 건넨다. "난 이 집에서 나갈래. 너도 같이 가지 않을래?" 하지만 소녀는 여기, 이곳이 따뜻하고 아늑하다며 다시 이불 속으로 쏘옥 들어갔다. 유진은 자신의 발을 바라보며 "나는 좀 더 많은 걸 느끼고 싶어. 내 두 발로 새로운 세상을 걸어보고 싶어."라고 말한다. 그 순간 이불 속으로 숨어버린 소녀의 얼굴이 유진으로 변해 있다. 결국 소녀는 유진의 또 다른 모습이었던 것이다.

침대를 벗어나 옷을 갈아입고 떠날 채비를 마친 유진은 살며시 옆 방문을 열었다. 화장대 앞에는 한 여인이 앉아 있었다. 유진은 여인에게 물었다.

"너도 같이 가지 않을래?"

"아니, 난 지금 못 가.

매일매일 거울을 보며 준비하지만, 뭔가 부족해 보여.

그걸 찾고 완벽해지면, 그때 나갈 거야."

유진은 살포시 그녀의 눈을 가리며 그녀에게 말했다. "넌 지금 그대로의 모습으로도 충분히 예뻐." 잠시 후 가렸던 눈에서 손을 떼자 거울 속에는 유진 혼자 앉아 있었다. 유진은 천천히 계단을 내려와 부엌으로 향했다. 부엌에는 한 여인이 설거지를 하고 있었다. 그 여인은 유진에게 차와 케이크를 내어주었고, 유진은 그녀에게도 같이 가자고 물었다. 그러자 그녀는 말한다.

"아니, 난 못가. 난 아직 가진 게 부족해. 좀 더 쌓고 풍족해지면 그때, 나갈 거야."

"지금 내가 움직이면 모든 게 무너질지도 몰라."

그렇게 여인은 차가운 냉장고 바닥에 웅크리고 있었어요.

『나의 작은 인형 상자』를 읽고 있으면 '꿈 분석'에서 가장 자주 쓰이는 분석 방법 두 가지가 유독 선명히 떠오른다. 하나는 꿈속에 등장하는 모든 인물을 현실 속 인물이 아닌 자신의 내면 인격으로 보는 것이고, 두 번째는 꿈 자아가 타인과 관계 맺는 방식을 세심히 살피는 것이다. 이 두 가지 방법은 꿈을 통해 자신의 내면 인격을 만나고, 평소 타인과 관계 맺는 방식을 거울처럼 바라볼 수 있게 한다. 그 관점에서 보자면 이 그림책에 등장하는 모든 인물들(인형, 소녀, 화장대와 부엌의 여인, 거실의 남성)은 결국 주인공 '유진'의 또 다른 내면 인격이다. 그리고 유진이 화장대, 부엌, 소파에 있던 이들과 관계 맺는 방식을 보면, 내면에 따스함을 지니고 있으면서도 결코 자기 뜻을 굽히지 않는 단단한 힘을 가진 여인이라는 것을 알 수 있다. 확대하여 해석하자면 그림책 속 유진은 작가 자신의 모습일 수도 있겠다.

매일 때를 기다리며 무언가를 준비하지만 쉽게 문밖을 나서지 못하는 삶이 얼마나 고단한 것인지 나 역시 잘 알고 있었다. '과도한 걱정'과 항상 '부족하다' 여기는 마음 기저에 있던 그 낡고 오래된 수치심. 그것이 건강한 수치심이었다면 실수하고 실패하는 나의 한계를 스스로 인정했으리라. 하지만 부정적인 수치심이었기에 나는 내 본모습 대신 늘 다른 어떤 모습이나 행위를 필요로 했었다. 마치 그림책 속 인물처럼 스스로를 치장하고, 부분에 불과한 일에 과도하게 집착했다 할까. 내가 오랜 기간 대학원과 자격증에 집착했던 이유도 다르지 않았다. 배움을 향한 갈망이라기보단, 세상에 홀로 서는 것이 두려워 타인의 권위에 매달리고 싶던 내 유약한 마음의 도피처였을 뿐이다.

드디어 밖으로 나가는 현관이 보인다. 그런데 그때, 거실 쪽에서 누군가 유진을 불러 세운다. 한 남자가 유진에게 어디를 가느냐고 묻는 것이다. 유진이 밖으로 나가는 길이라고 말하자, 남자도 자신의 이야기를 시작했다.

"네가 잘 모르는 모양인데, 세상은 네가 생각하는 것처럼 그렇게 만만하지 않아."

"이 문 밖을 나가면……"

"마냥 자유롭고 평화로울 것 같지?"

"그러다 귀여운 친구도 만나고……."

"그런데 그 친구가 갑자기 사납게 돌변해 널 물지도 몰라."

"난 그런 세상이 너무 두려워."

"너무 걱정하지 마."

유진은 잔뜩 웅크린 남자에게 다정하게 말했어요.

유진은 가방에서 사탕 하나를 꺼내 남자에게 건네었다. 그러자 사탕이 입속에서 녹아내리듯 그의 불안도 서서히 사라졌다. 거실 소파에 홀로 앉아 있던 유진은 현관으로 걸어가 신발을 신고, 마침내 현관문을 열었다.

얼마 전 동화, 민담을 원형 심리학으로 분석하여 여성 심리를 치유하는 모임에 참여했었다. 강사는 '다원융합 예술가, 자기실현 퍼실리데이터(Facilitator)'라는 다소 생소한 직업인으로 자신을 소개했다. 그러다 모임이 중반에 이를 즈음, 그녀는 스스로를 '야매'라 시원스레 명명했다. 물론 그녀의 강의는 훌륭했다. 탄탄한 이론과 자신의 오랜 경험을 바탕으로 진행된 수업은 그 어느 교수의 수업보다 힘있고, 직관적이며 독창적이었다. 더욱이 그녀는 분석심리학자 칼 융의 '자기실현'이란 개념을 이미 연극이나 다양한 전시 프로그램에 적용해 진행 중이었다. 그래서일까. 그녀는 학위나 자격증엔 별 관심이 없어 보였다. 대신 소명처럼 주어진 자신의 일을 위해 홀로 독하게 공부를 하고 있었다.

작년 초, 그림책을 궁금해하는 주변 사람들을 모아 '어른을 위한 그림책 모임'을 처음 시작했다. 나 역시 사탕이 입속에서 녹아내리듯 가벼운 마음으로 집을 나선 것이다. 일주일에 한 번 엄마들과 모여 아이가 아닌 '자신을 위한 그림책'을 읽고, 서로의 삶을 나누는 소중한 시간을 가졌다. 그러자 내 오랜 꿈 하나가 현실이 되어 돌아왔다. 그림책을 통해 스스로의 상처를 치유하고, 고된 하루를 버틸 수 있는 힘을 갖게 된 것이다. 무엇보다 모든 구성원들이 '자신의 신화'를 아름답게 써 내려가는 모습을 생생히 지켜볼 수 있다는 게 좋았다.

어쩌면 배움은 이미 충분하지 않았을까. 마흔이 되어 이를 깨닫자, 내게 필요한 것은 더이상 학위나 자격증이 아니라 그동안의 배움을 하나로 연결 짓고, 스스로의 이름을 걸고 사람들을 만날 수 있는 용기를 발휘해 마땅한 자리를 찾는 것이라는 생각이 들었다. 그래서 지금은 그림책 모임을 하는 사람들과 함께 작은 그림책방을 준비 중이다. 여전히 세상은 두렵지만 스스로 문을 열고 한 발을 내디뎌야 할 때가 내게도 온 것이리라.

2017년 12월. 드디어 나는 금호동 무수막길에 '카모메 그림책방'을 열게 되었다. 영화 『카모메 식당』을 사랑해, 가게를 시작한다면(그것이 무엇이든) 이 이름을 쓰리라 오랫동안 마음먹고 있었다. 카모메 식당처럼 나 역시 작지만 단단한 가게를 만들 수 있으리란 희망이자 다짐으로. 그렇게 집밖을 나섰고 의미와 재미가 가득한 그림책 속에서 난 오늘을 살고 있다.

정유미

볼로냐 국제 아동 도서전에서 『먼지 아이』와 『나의 작은 인형 상자』로 2년 연속 라가치 상을 수상하고, 자그레브 국제 애니메이션 영화제에서 『연애놀이』로 그랑프리를 수상하면서 국내외에서 주목을 받고 있습니다.
2014년 한국 그림 작가로는 처음으로 라가치 상 대상(뉴호라이즌 부문)을 수상한 『먼지 아이』는 2009년, 단편 애니메이션으로 제작되어 깐느영화제 감독 주간에서 첫 상영회를 가졌고, 그 후 전 세계 70여 개 이상의 영화제에서 상영되었습니다. 또한 스티븐 스필버그가 어드바이저로 있는 뉴욕 햄튼 국제영화제에서 최우수 단편 영화상을 받았고, 크로아티아 타보 국제영화제에서는 그랑프리와 최우수 애니메이션 상을 동시에 수상하는 등 국내외에서 10여 개의 주요 상을 받았습니다.

이 책은 꼭 읽어보자.

『먼지 아이』, 『연애놀이』

8.

지금 어디에 있습니까

『보물』

유리 슐레비츠 글 · 그림

옛날에 이삭이라는 사람이 살았습니다.

이삭은 어찌나 가난한지 저녁도 굶고 자기 일쑤였습니다.

어느 날 이삭은 꿈을 꾸었습니다.

꿈속에서 어떤 목소리가 말했습니다. 수도로 가면 왕궁 앞 다리 밑에 보물이 있으니 찾아보라 했습니다.

"그저 꿈일 뿐이야."

잠에서 깬 이삭은 이렇게 생각하곤 이내 잊어버렸습니다.

……

세 번째로 같은 꿈을 꾸자, 이삭은 긴가민가해졌습니다.

"정말일지도 몰라."

이삭은 먼 길을 나섰습니다.

한 가난한 남자가 반복되는 꿈의 목소리에 이끌려 길을 나서고 있다. 그는 때때로 마차를 얻어 탈 수 있었지만 대개는 걸었다. 숲을 지나 산을 넘어 그는 걷고 또 걷는다. 신발 밑창이 다 닳도록 말이다. 가난한 삶 속에 반복해서 등장한 꿈의 목소리를 믿고 그는 먼 길을 나선 것이었다.

내게도 반복해서 등장하던 꿈 하나가 있었다. 아홉 살 때부터 열여덟 살이 될 때까지 살았던 이층집. 이 이층집이 어떤 날에는 흉가처럼 싸늘한 모습으로, 또 어떤 날은 아침 햇살을 품은 듯 몽환적인 공간으로 나타나고 사라지길 반복했었다. 사소한 꿈이라 치부하기엔 반복의 횟수가 적지 않았고, 이미 꿈의 존재감은 현실에서도 꽤나 커져 있었다. 대체 이 꿈은 왜 반복해서 내게 나타나는지 그리고 내게 무슨 이야기를 전하려는지 궁금했다. 그래서 꿈의 언어를 이해하고 싶은 마음에 나 역시 길을 나섰다.

융의 저서 『인간과 상징』에서는 꿈은 어떤 식으로든 의미를 지니고 있으며 꿈이란 무의식의 고유한 표현이라 말하고 있다. 부족한 해석이겠지만, 나는 이 말을 꿈에 나타난 모든 것은 하나의 상징이라고 이해한다. 그 상징들은 마치 파이처럼 겹겹이 쌓여 층위마다 무수히 많은 의미를 내포하고 있다. 그래서 하나의 꿈을 꼭 하나의 의미로 규정짓는 일은 사실상 불가능하고, 그것은 오히려 위험한 오류를 낳을 수도 있다. 꿈의 언어를 익히기 위해선 그 모호함과 불확실성을 견딜 수 있는 유연한 사고와 자신의 의식이 만들어낸 과도한 믿음을 잠시 접어둘 용기가 필요한 이유는 이 때문이다.

어떤 꿈이든 천천히 꿈의 맥락을 짚어 가다 보면 융의 말처럼 꿈의 의미와 무의식의 외침이 하나씩 수면 위로 떠올랐다. 직면하고 싶지 않던 나의 콤플렉스, 그림자, 오래된 관계 패턴까지 보여주며 꿈은 가감 없이 선명하고 세세히 나를 거울처럼 비추었다.

이삭의 꿈 내용을 정확히 알 수는 없지만 이삭은 자신의 꿈속 목소리를 믿고, 두 발로 걷기를 선택했다. 그리고 마침내 이삭은 수도에 도착할 수 있었다. 하지만 힘들게 찾아간 왕궁 앞 다리에는 보초병들이 밤낮없이 지키고 서 있어 이삭은 감히 보물을 찾을 엄두도 내지 못했다. 그러던 어느 날, 날마다 찾아간 그를 지켜보던 보초 대장이 그에게 먼저 말을 걸어왔다.

"여긴 날마다 무슨 일이시오?"

이삭이 꿈 이야기를 들려주었습니다.

그러자 보초 대장은 웃음을 터뜨렸습니다.

"이런, 어리석은 사람을 봤나! 그깟 꿈을 믿고 신발창이 다 닳도록 걸어오다니! 이봐요, 나도 언젠가 꿈을 꿨는데 그 꿈대로라면 나도 지금 당장 당신이 떠나 왔다는 그 마을로 가 이삭이라는 사람 집 아궁이 밑에서 보물을 찾아봐야 할 거요."

보초 대장은 이렇게 말하고 또 껄껄 웃었습니다.

이때 이삭은 어떤 심정이었을까. '수도로 가면 왕궁 앞 다리 밑에 보물이 있으니 찾아보라'던 꿈의 메시지는 이미 거짓이 되었고, 믿음 어린 행동으로 나선 길은 어리석은 핀잔으로 돌아왔으니 말이다. 이런 상황에서 이삭은 보초 대장의 꿈을 믿을 수 있을까. 묵묵히 자신의 집을 향해 다시 길을 나선 이삭은 산을 넘고 숲을 지나 걷고, 또 걸었다. 그리고 마침내 고향에 도착했다. 이삭은 자신의 집 아궁이 밑을 파기 시작했다. 그곳에는 보초 대장의 말처럼 보물이 숨겨져 있었다.

이 짧은 스토리는 파울로 코엘료의 『연금술사』의 내용과도 매우 흡사하다. 간밤에 꾼 꿈을 믿고, 그 꿈을 실현하기 위해 여행을 떠나는 주인공. 여행을 통해 사랑을 하고 힘든 시련을 이겨낸 그는, 그러나 '보물'은 결국 자신이 처음 꿈을 꾼 바로 그 자리, 그곳에 묻혀 있음을 알게 된다.

그림책 속 이삭의 걸음은 마치 하나의 방향(꿈)을 향해 우직하게 걸어가는 우리의 인생과도 참 많이 닮아 있다. 그렇다면 난 이삭이 걷는 길, 그 어디에 있는 것일까. 아직 꿈을 찾지 못해 침대 속에 있거나, 꿈에 대한 확신이 없어 집에 머문 날도 있었다. 또 어렵게 다가선 꿈 앞에서 초라한 모습으로 서성거리기도 했고, 약속이라도 한 듯 내 꿈을 비웃는 이들을 만나기도 했다. 그뿐인가. 믿었던 모든 꿈이 거품처럼 사라지는 순간도 있었다. 하지만 멈추긴 아직 일렀다. 그 어디가 되었든 이삭의 길에 비추어 보면 절반만큼 온 것일 테니까. 보물은 어디? 내가 떠나온 바로 그곳에 있다고 하지 않는가. 그렇다면 꿈은 왜 이리도 얄궂게 아무 소득도 없이 고되기만 한 시간을 우리에게 주는 것일까. 처음부터 그냥 '네 집 아궁이에 보물이 있으니 어서 파보라' 했으면 쉽게 끝나는 것인데 말이다.

하지만 재물(재능)이 소중한 '보물'이 되기 위해선 반드시 선행되어야 할 조건이 있다. 보물의 가치를 알아볼 수 있는 지혜가 그것이다. 그런데 신비롭게도 그 지혜라는 것은 절대 거저 주어지지 않는다. 지혜는 오직 보물을 찾는 여정을 통해 스스로 경험한 그 모든 것이니까. 이삭이 보물을 얻을 수 있었던 것도 단지 꿈의 목소리 때문이 아니라, 신발창이 다 닳도록 걸었던 시간과 어리석다는 핀잔에도 흔들리지 않던 그의 믿음 때문이다. 이와는 반대로 보물의 가치를 모르는 이에게 주어진 보물이란 언제나 쉽게 사라져 버리기 마련이다. 그것이 신이 우리에게 허락한 공평한 약속이자, 고단한 삶을 기꺼이 감내해야 하는 또 다른 이유일지도 모르겠다.

"이삭은 하느님께 감사드리며 예배당을 세웠습니다.
그리고 벽 한 귀퉁이에 이런 글을 새겼습니다.
가까이 있는 것을 찾기 위해 멀리 떠나야 할 때도 있다."

나의 꿈 작업은 이제 2년이 조금 넘어가고 있다. 반복되는 꿈이 사라졌기에 그 의미를 애써 찾으려 하지는 않았지만, 꿈은 언제나 현실보다 요란했다. 그래서일까. 꿈보단 지금(현실)이 더 소중하고 감사하다. 가까이 있는 것을 찾기 위해 멀리 떠나야 할 때가 있듯,

난 깨어 있는 이 순간의 소중함을 위해 먼 꿈의 세계를 탐색했던 것만 같다. 꿈. 그것이 밤에 꾸는 꿈이든, 현실에서 이루고자 하는 소망이든 그것은 언제나 나를 움직이게 했다. 같은 장소에 머물러 있지 않고 길을 나서게 만든 것이다. 나도 이젠 내 '꿈'을 믿고, 다시 길을 나서려 한다. 그러니 부디 우리 모두 각자의 '보물 창고'에서 다시 만나자.

유리 슐레비츠(1935~)

폴란드에서 유대인 아들로 태어났습니다. 슐레비츠 가족은 그가 네 살이 되던 해부터 2차 대전의 포화에 둘러싸인 바르샤바를 탈출하여 유럽을 떠돌기 시작했습니다. 파리를 유랑하는 동안 유일한 즐거움은 책방에서 그림책을 구경하는 것. 그때 이미 미술대회에서 재능을 인정받은 그는 두 해 뒤 이스라엘로 가서 텔아비브 야간 예술학교에서 디자인과 회화 수업을 받기 시작했습니다. 그리고 1957년 젊은 예술가를 사로잡는 도시 뉴욕으로 이주하여 브루클린 뮤지엄 미술학교에 입학했습니다. 1968년에 아서 랜섬의 『세상에서 가장 어리석은 바보와 하늘을 나는 배』에 삽화를 그려 칼데콧 상을 수상했습니다.

이 책은 꼭 읽어보자.

『새벽』, 『비오는 날』, 『내가 만난 꿈의 지도』, 『비밀의 방』, 『황금거위』,『월요일 아침에』

도서출판 이비컴의 실용서 브랜드 **이비락**樂은 더불어 사는 삶에 긍정적인 변화를 가져다 줄 유익한 책을 만들기 위해 끊임없이 노력합니다.

원고 및 기획안 문의 : bookbee@naver.com